Andreas Lüder

Zeitgenössisch - Von Gottes Gegenwart im Leben

Andreas Lüder

Zeitgenössisch - Von Gottes Gegenwart im Leben

Fromm Verlag

Impressum / Imprint
Bibliografische Information der Deutschen Nationalbibliothek: Die Deutsche Nationalbibliothek verzeichnet diese Publikation in der Deutschen Nationalbibliografie; detaillierte bibliografische Daten sind im Internet über http://dnb.d-nb.de abrufbar.
Alle in diesem Buch genannten Marken und Produktnamen unterliegen warenzeichen-, marken- oder patentrechtlichem Schutz bzw. sind Warenzeichen oder eingetragene Warenzeichen der jeweiligen Inhaber. Die Wiedergabe von Marken, Produktnamen, Gebrauchsnamen, Handelsnamen, Warenbezeichnungen u.s.w. in diesem Werk berechtigt auch ohne besondere Kennzeichnung nicht zu der Annahme, dass solche Namen im Sinne der Warenzeichen- und Markenschutzgesetzgebung als frei zu betrachten wären und daher von jedermann benutzt werden dürften.

Bibliographic information published by the Deutsche Nationalbibliothek: The Deutsche Nationalbibliothek lists this publication in the Deutsche Nationalbibliografie; detailed bibliographic data are available in the Internet at http://dnb.d-nb.de.
Any brand names and product names mentioned in this book are subject to trademark, brand or patent protection and are trademarks or registered trademarks of their respective holders. The use of brand names, product names, common names, trade names, product descriptions etc. even without a particular marking in this work is in no way to be construed to mean that such names may be regarded as unrestricted in respect of trademark and brand protection legislation and could thus be used by anyone.

Verlag / Publisher:
Fromm Verlag
ist ein Imprint der / is a trademark of
OmniScriptum GmbH & Co. KG
Heinrich-Böcking-Str. 6-8, 66121 Saarbrücken, Deutschland / Germany
Email: info@frommverlag.de

Herstellung: siehe letzte Seite /
Printed at: see last page
ISBN: 978-3-8416-0569-6

Otto Kaiser in Marburg zum 90. Geburtstag in Freundschaft gewidmet

Inhalt

„Was hast du, das du nicht empfangen hast?“

Gründung einer Tafel für Bedürftige zu Beginn eines neuen Jahres

Zum Beginn eines neuen Jahres gehört für mich immer das gleiche Ritual: Am Neujahrstag hole ich meinen neuen Pfarrerkalender aus der Schublade und am Tag danach ziehe ich einen Kontoauszug aus dem Drucker in der Bank. Damit bin ich gerüstet für den Start ins neue Jahr.

Der Kalender: ein neues Jahr, 365 Tage liegen noch offen vor mir. Sie versprechen geschenkte Zeit. Das weckt Hoffnungen und läßt mich Pläne schmieden. Was nehme ich mir für die kommenden Wochen und Monate vor? Was sollte anders laufen als im vergangenen Jahr? Was möchte ich mir Gutes tun nach den Anstrengungen der Weihnachtszeit? Und wann hat das seinen Platz? Ein schönes Gefühl, mit großen Erwartungen ins neue Jahr zu gehen. Vieles scheint möglich.

Der erste Kontoauszug: Mein Gehalt ist wieder überwiesen zum Monatswechsel. Das gibt wirtschaftliche Sicherheit. Manch anderer muß darum bangen.

Auch im neuen Jahr steht das Leben meiner Familie auf einer verläßlichen wirtschaftlichen Grundlage, Monat für Monat. Das läßt mich ruhig schlafen. Wie schön, daß das neue Jahr so anfängt, wie das alte aufgehört hat. Alles wie gehabt. Wer wüßte diesen ruhigen Fluß des Lebens nicht zu schätzen?

Doch rasch füllt sich der Kalender mit Terminen. Dafür liegt er stets griffbereit auf dem Schreibtisch. Seite für Seite kommen neue Eintragungen hinzu. Tag für Tag, Woche für Woche zeichnet sich bereits ab, was an Verpflichtungen im Arbeitsalltag auf mich wartet. Das bringt auch gleich Belastungen mit sich. Kaum hat das Jahr begonnen, zeigt mir der Kalender schon, wie eng manchmal der Tagesablauf verplant ist. Wer als Pfarrer den

Dezember mit all den Weihnachtsvorbereitungen stressig findet, der kennt den Januar nicht: Ein bischen Ironie beruhigt die Nerven.

Denn längst stellen sich ganz gemischte Gefühle ein. Allem Anfang wohnt ein Zauber inne, wie ein Dichterwort sagt? Jedenfalls fällt die große Freiheit des Neubeginns auch diesmal wieder aus. Vom ersten Tag des Jahres an haben andere mich schon wieder im Griff. Das pralle Leben weist mich gleich in die Schranken. Aus den Träumen, was das neue Jahr mir alles zu bieten haben könnte, bin ich unsanft aufgewacht.

Zudem schweift der Blick über die Zahlen auf meinem ersten Kontoauszug für das noch junge Jahr, bevor ich ihn ordentlich abhefte: Die Miete und die Nebenkosten für die Dienstwohnung sind gleich wieder abgezogen worden, ebenso die Versicherungsprämien. Eine Versandhausrechnung und noch dieses und jenes, ach ja. Alles wie gehabt auch hier. So üppig ist die Freiheit, mit seinem Geld tun und lassen zu können, was man will, dann auch wieder nicht.

Dennoch: Am Beginn dieses Jahres zeigen Kalender und Kontoauszug mir auf wohltuende Weise, wie mein Leben auch weiterhin auf eine zuverlässige Grundlage gestellt ist und eingebettet in eine Fülle von wertvollen Beziehungen. So anstrengend die Arbeit auch sein mag – sie sichert auch mein Selbstwertgefühl. Ich werde gebraucht und besoldet.

Und die Buchungen auf dem Kontoauszug zeigen ja auch: Alles ist im Lot. Es ist für alles gesorgt. Auch im neuen Jahr habe ich alles, was ich zum Leben benötige. Nahrung, Kleidung, Obdach: In der Schule habe ich gelernt, das seien die drei Grundrechte jedes Menschen. Und meinen Konfirmanden bringe ich bei, all dies bräuchten wir so nötig wie das tägliche Brot. Martin Luther und seiner Auslegung des Vaterunsers im Kleinen Katechismus sei Dank.

Satt werden, ordentlich gekleidet sein und ein Zuhause haben; wissen, wo man hingehört: Niemand soll darauf verzichten müssen. Und doch wissen wir: Das alles ist nicht selbstverständlich. Nicht erst die Bilder von den Menschen auf Haiti, die nach einem verheerenden Erdbeben durch ihre völlig zerstörten Städte und Dörfer irren, führen uns das vor Augen.

Auch mitten unter uns leben Menschen, für die nichts selbstverständlich ist, worüber wir Monat für Monat, Jahr für Jahr verfügen können: gutes Essen, Kleidung nach der neuesten Mode und ein behagliches Zuhause. Sie müssen sich schlecht ernähren, auch wenn sie nicht gerade Hunger leiden. Oftmals wirken sie ziemlich heruntergekommen in ihren abgetragenen Klamotten. Und wie es bei ihnen zuhause aussieht, wollen wir lieber gar nicht so genau wissen. Zu ihnen gehen wir lieber auf Abstand, oder?

Wissen, wo man hingehört; sich darüber freuen können, daß es einem gut geht und man sich rundum wohlfühlen kann in einem Netz aus familiären und freundschaftlichen Beziehungen, das ist ein großes Geschenk. Nicht jedem wird es zuteil. Umso wichtiger ist es, sich daran zu erinnern, was der Apostel Paulus den Christen in Korinth ans Herz gelegt hat. In seinem ersten Brief an ihre Gemeinde schreibt er: „Was hast du, das du nicht empfangen hast?“ (1 Kor 4,7)

Zugegeben: Das ist eines meiner Lieblingsworte in der Bibel. Denn es holt mich immer wieder auf den Teppich zurück. Mißgunst und Unzufriedenheit erstickt dieses Wort schon im Keim. Alles ist ein Geschenk Gottes in meinem Leben.

Dazu gehört auch unsere Zeit und unsere Kraft. Von beidem wollen ehrenamtliche Helfer aus unserer Gemeinde etwas abgeben zum Wohle ihrer bedürftigen Mitmenschen. Jetzt gründen sie auch in unserem Ort eine Tafel für die Ärmsten der Armen mitten unter uns. Und auch ihr Terminkalender wird sich dabei etwas mehr füllen, wenn erst die Planungen für die Annahme und die Ausgabe der Waren in unserer Ausgabestelle angelaufen sind.

Doch ich bin mir sicher: Das schränkt nicht einfach nur ihre Freiheit ein; die Freiheit, mit seiner Zeit und seiner Kraft nach Belieben hauszuhalten. Wer sich für andere einsetzt, verliert nicht nur ein Stück seiner Freiheit und nicht zuletzt auch seiner Freizeit. Wir können nur gewinnen dabei, wenn wir das Leben wahrhaft miteinander teilen.

Denn das ist ja ein zutiefst christlicher Gedanke: standzuhalten und nicht wegzulaufen, wo das Elend um sich greift. Nicht nur die eigenen Schäfchen ins Trockene zu bringen und ansonsten den lieben Gott einen guten Mann sein zu lassen - hier sind wir gefragt. Wenn Jesus uns eines gezeigt und vorgelebt hat, dann doch dies: der Not nicht bequem aus dem Wege zu gehen. Sie könnte ja ansteckend sein. Sondern hinzuschauen und anzupacken. Zu keiner Zeit war das selbstverständlich. Sonst wäre Jesus längst im Dunkel der Weltgeschichte verschwunden.

„Was hast du, das du nicht empfangen hast?" Die Frage stellt mich mit beiden Beinen fest auf den Boden der Tatsachen. Entgehen kann ich ihnen ohnehin nicht. Solch ein Wort macht uns frei, das Leben miteinander zu teilen, ohne jeden Hintergedanken.

(2010)

„Die Sonne, die mir lachet, ist mein Herr Jesus Christ" (EG 351, 13)

„Die Schöne ist gekommen" - so lautet ihr Name übersetzt. Und seit hundert Jahren hält sie Hof in Berlin: Nofretete, die unvergleichlich schöne, sagenumwobene Königin aus dem Alten Ägypten. Zahllose Besucher lassen sich Jahr für Jahr von den ebenmäßigen Zügen ihres Antlitzes begeistern. Wer ihre Büste im Neuen Museum in Berlin ansieht, kann sich nur eingestehen: Hier hat sich ein Bildhauer vor langer Zeit als Meister seines Fachs erwiesen. Makellos bietet Nofretete sich auch nach mehr als dreitausend Jahren noch ihren Betrachtern dar. Kein Wunder, daß sie in Berlin eines der beliebtesten Postkartenmotive ist.

Vor hundert Jahren, am Nikolaustag 1912, tauchte sie aus dem ägyptischen Wüstensand wieder auf. Der deutsche Archäologe Ludwig Borchardt fand die Büste bei den Ausgrabungen in el-Amarna am Nil und war sofort hingerissen: „Beschreiben nützt nichts, anschauen", notierte er sich unter dem 6. Dezember 1912 in sein Grabungstagebuch. In el-Amarna hatten sich Nofretete und ihr Mann, der Pharao Echnaton, um 1350 v.Chr. eine neue Residenz bauen lassen. Binnen vier Jahren entstand dort eine ganz neue Hauptstadt für das Reich der Ägypter mit einem Königspalast, Tempeln und Wohnquartieren für 30000 Einwohner. Eine Meisterleistung der damaligen Städtebauer.

Doch dies war nur der Auftakt zu einer wahrhaftigen Revolution. Denn nun gingen Echnaton und Nofretete daran und krempelten das ganze Staatswesen um. Mehr noch: Echnaton räumte gleich auch mit der alten Religion der Ägypter auf. All die zahllosen Götter sollten verschwinden. Bisher standen sie überall in den Tempeln herum, ebenso auch auf den Hausaltären der Ägypter: steinerne Statuen der Götter mit menschlichem

Antlitz, aber auch auch in Gestalt von Katzen, Affen oder Falken. Unter dem Pharao Echnaton sollte damit Schluß sein.

Fortan gab es nur noch einen einzigen Gott: Aton, dem auch gleich ein neuer Tempel gebaut wurde mit sonnendurchfluteten Innenhöfen. Denn Aton ist der Sonnengott. Mit jedem Sonnenaufgang erschafft er die Welt von neuem und stellt sie in der Morgendämmerung den staunenden Ägyptern vor Augen: die fruchtbare Landschaft längs des Nils mit einem stahlblauen, wolkenlosen Himmel darüber. Tag für Tag sorgt er so für die Menschen. Weiterer Götter bedarf es nicht.

An einen einzigen Gott zu glauben, das hatte es bis dahin nie gegeben. Doch was Echnaton seinen Untertanen auferlegte, hatte auch seinen Preis. Denn Aton kann niemand sehen. Wer direkt in die Sonne am Himmel schaut, zerstört sich die Netzhaut und verliert sein Augenlicht. Und Aton spricht auch nicht zu den Gläubigen. Stumm scheint die Sonne auf die Erde herab. Doch alles Leben hängt ab von ihrem Licht.

Bereits nach fünfzehn Jahren war Schluß damit. Lieber wollten die Ägypter ihre alten Götter zurück, die Statuen und Kleinplastiken. Vor ihnen konnten die Gläubigen niederfallen im Gebet. Sie ließen sich betrachten; sie waren Götter zum Anfassen. Das brauchten die Menschen: Götter, zu denen sie eine persönliche Beziehung eingehen konnten. Keine abstrakte Idee von einem Gott, den sie bestenfalls als wärmende Sonnenstrahlen auf dem Gesicht spüren können.

Gott ist nicht nur eine unanschauliche Idee - das ist die Botschaft unseres christlichen Glaubens gerade in den Wochen vor dem Osterfest. In Jesus Christus hat Gott, der einzige Gott, ein Gesicht bekommen. Eines aus Fleisch und Blut und nicht aus Stein oder Gips. Was könnte wichtiger sein für uns, als daß wir einen Gott haben, zu dem wir eine persönliche Beziehung eingehen können? Er läßt sich ansprechen im Gebet und gibt auch Antwort.

Von Gott als dem Schöpfer zu sprechen: In Jesus wird das konkret. In ihm hat Gott uns gezeigt, was das heißt, daß er hinter allem Leben steht. Das geht über das lebenschaffende Sonnenlicht weit hinaus. Denn in Jesus Christus hat Gott das Leben mit uns geteilt, ohne Wenn und Aber. Unser Gott steht nicht hoch am Himmel wie die Sonne und sieht wohlwollend, aber teilnahmslos auf uns herab.

In Jesus ist er mittendrin und macht sich ganz klein. Gott liefert sich an unser Leben aus, auch an die Schattenseiten des Lebens, an Gewalt und Leid. Am Schluß hat Pontius Pilatus den tobenden Massen gezeigt, was Menschen einander antun können, wenn sie die Macht dazu haben. Und Jesus bleibt nichts als diese Schrecken am Ende seines Lebens über sich ergehen zu lassen. Doch er ist nicht irgendein Mensch, klein und schwach. Er ist Gottes Sohn, der uns Zugang verschafft zu Gott, seinem und unserem Vater. Darum behält sein Tod auf Golgatha nicht das letzte Wort über diesem Leben. Und das ist auch uns verheißen von Christus, unserem Schöpfer und Erlöser.

(2013)

Narr in Christus

Beinahe wäre selbst ich noch zum Narren geworden. In einer urigen Gastwirtschaft in der Kölner Altstadt wollten wir noch schnell etwas essen. Zuvor hatten wir den Dom besichtigt, doch zur Mittagszeit meldete sich der Hunger an jenem Sonnabend Ende Januar. Freundlich, aber bestimmt wies der Kellner uns darauf hin, daß der gesamte Saal bereits für eine große Karnevalssitzung am Nachmittag reserviert sei und darum die Zeit zum Essen bereits knapp werde. Aber für das Kölner Nationalgericht „Hemmel un Ääd" (Himmel und Erde) reichte es noch. Bald strömten die ersten Jecken im Kostüm herein, und wir suchten das Weite. Waren wir einigen von ihnen nicht schon im Dom begegnet?

Wenn sie nur wüßten: Nichts ist einem spröden Protestanten aus Norddeutschland wie mir so fremd wie das ausgelassene närrische Treiben am Rhein. Tage später begann dort wieder der Straßenkarneval; dann gibt es kein Halten mehr. Uns bleibt nur die Zuschauerrolle am Fernsehschirm. Wer´s mag, mag´s mögen, sagte mein Großvater bei solchen Gelegenheiten gönnerhaft und schüttelte den Kopf dabei. Alles ist Geschmackssache.

Doch als ich Verwandte in Bonn besuchte, las ich in der Tageszeitung auch von einem evangelischen Pastoren in Bad Godesberg, der nebenbei auch noch als Karnevalspräsident amtiert. Ein gutes Stück weiter rheinaufwärts, in seiner Heimat Bacharach, leitet er die Prunksitzungen in dieser Saison. Die Menschen froh und unbeschwert zu machen, das verbinde den Glauben mit dem Karneval, sagt er. Warum dann nicht auch als Geistlicher mal inmitten fröhlicher Leute im Saal den närrischen Trinkspruch anstimmen: „Wer das Leben für eine Narrheit hält, erlebt manch schöne Stunde. Doch wer sie ernst nimmt, diese Welt, der geht an ihr zugrunde."

Auch Christen seien letztlich Narren, gibt der Pastor und Oberjeck seiner Karnevalsgesellschaft für die Zeitung zu Protokoll. Hat er nicht recht? Auch unser Glaube mache uns das Herz weit und nehme uns so manche Last, die uns schwer auf den Schultern liegt. Narren wie Christen könnten gleichermaßen heiter durchs Leben ziehen, wenn sie sich dem nur anvertrauen, wovon sie überzeugt sind. Das stimmt. Denn hat nicht schon der Apostel Paulus sich selbst als einen ausgemachten Narren bezeichnet? Als ihn die Christen in Korinth schlicht für ein wenig verrückt erklärten, schrieb er seine Gedanken kurzerhand im Stil einer närrischen Büttenrede nieder - nachzulesen in 2. Korinther 11.

Doch jeder Jeck am Rhein weiß: Am Aschermittwoch ist alles vorbei. Wer in den Wochen zuvor dem Frohsinn freien Lauf gelassen und mit derben Witzen kräftig Dampf abgelassen hat - manchmal auch auf Kosten von Glaube und Kirche -, der weiß auch, wann Schluß ist. Das bewundere ich jedes Mal, wie die Jecken entlang des Rheins von einem Tag auf den anderen das Ruder herumwerfen und das närrische Treiben dem Ernst der Passionszeit weicht. Alles hat seine Zeit.

Uns Protestanten gefriert das Lachen im Halse, in den Wochen vor Ostern erst recht. Der leidende Christus, der sehenden Auges auf sein grausames Ende zugeht, steht nun im Mittelpunkt. Gottes Sohn stirbt als fälschlich verurteilter Verbrecher am Kreuz, damit die Menschheit sich fortan dem gnädigen Gott in die Arme werfen kann statt seinen vernichtenden Zorn fürchten zu müssen. Todernst ist das. Schluß mit lustig.

Oder doch nicht? Am Rande des Städtchens Weikersheim am Main steht hoch über dem Fluß ein kleines Kirchlein, dessen Altar seit Jahrhunderten das Geschehen vom Karfreitag auf ganz besondere Weise zeigt. Blutüberströmt hängt Christus am Kreuz - und lächelt! Noch im Angesicht des nahen Todes schenkt er seinem Betrachter ein letztes Lächeln.

Der lächelnde Christus am Kreuz: eine Narretei aus dem Mittelalter, ohnehin einmalig in Deutschland? Oder ein Hinweis darauf, daß Gott dem Tod ein Schnippchen schlagen wird und seinen Sohn ins Leben zurückholt: Wer zuletzt lacht, lacht am besten? Rätselhaft bleibt mir dieser Christus aus der Kirche in Urphar bei Weikersheim. Und doch: Der stellvertretend für uns alle am Kreuz sterbende Christus ist der Kern einer Frohen Botschaft, die uns alle Ängste nehmen will, auch die Furcht vor dem Tod. Dazu paßt das Lächeln Christi, selbst noch im letzten Atemzug.

(2012)

„Was immer der März bereit hält ...“

Manchmal graben sich einzelne Dichterzeilen tief in mein Gedächtnis ein. Wie diese von Rainer Brambach aus seinem Gedicht „März in Basel“: „Was immer der März bereit hält, alle Gärten sind einverstanden zu blühen.“ (Rainer Brambach, Heiterkeit im Garten. Das gesamte Werk, Zürich 1989, 68) Wie der zu Unrecht vergessene Schweizer Dichter im vorigen Jahrhundert muß man schon am Oberrhein leben, um so früh im Jahr das Erwachen der Natur zu neuem Leben zu bestaunen.

Für Christen bringt der März erst einmal die Passionszeit mit sich und damit das Nachdenken über Leid und Tod des Gottessohnes Jesus Christus. Ostern mit seiner Hoffnung auf Leben, das den Tod hinter sich gelassen hat, ist noch weit entfernt.

Doch die Botschaft von der Auferstehung Jesu steht uns in jedem Gottesdienst vor Augen. Jedenfalls in unserer Kirche. Auferstehungskirche heißt sie in Ostgroßefehn, und das aus gutem Grund. Denn das mittlere Fenster im Chorraum hinter dem Altar stellt das Geschehen vom Ostermorgen dar. Jesus ersteht vom Tod zu neuem Leben.

Wenn wir sonntags Gottesdienst feiern, dann zeigt unsere Kirche uns den Kerngedanken des christlichen Glaubens: „Das ist der Tag, da Jesus Christ / vom Tod für mich erstanden ist / und schenkt mir die Gerechtigkeit,/ Trost, Leben, Heil und Seligkeit.“ (EG 162,2) An einem Sonntag ist Christus auferstanden vom Tod, und wir preisen ihn dafür mit diesem alten Lied von Johann Olearius.

Erstaunlich: Seit gut hundert Jahren stellt dieses Fenster in der Kirche zu Ostgroßefehn etwas dar, was niemand zu sehen bekam. Als Maria zusammen mit weiteren Frauen am Morgen des ersten Tages der neuen Woche, unserem Sonntag, nochmals nach dem Grab Jesu schauen und seinen Leichnam einbalsamieren will, da findet sie die Grabhöhle bereits leer vor. Wie es dazu kam, bleibt für immer ein Geheimnis.

Dennoch haben Künstler oftmals die Auferstehung Jesu ins Bild gesetzt. Nur im Matthäusevangelium findet sich, was ihre Phantasie dazu angeregt hat. Dort heißt es, daß Pontius Pilatus auf Bitten der obersten jüdischen Geistlichen das Grab Jesu durch seine Soldaten bewachen ließ. Denn anderenfalls könnten die Jünger den Leichnam stehlen und so den Anschein erwecken, als habe Jesus recht behalten mit seiner Ankündigung, er werde drei Tage nach seinem Tod auferstehen.

Auch darüber setzt sich Jesus hinweg. Solchen Betrug hat er gar nicht nötig, zeigt uns das wichtigste Fenster in unserer Kirche: Drei Soldaten können nicht verhindern, daß er aus seinem Grab aufersteht. Einer von ihnen schläft tief und fest, während die anderen beiden dem Geschehen machtlos zusehen müssen. Überrascht reißt der eine die Hände in die Höhe. Der andere schaut müde weg. Im Hintergrund weist schon der Engel Gottes auf den auferstandenen Jesus. Wenig später wird er in der leeren Grabhöhle den Frauen die Botschaft vom Ostermorgen ausrichten.

Über das Kreuz Jesu auf unserem Altar hinweg schauen wir auf das Auferstehungsfenster dahinter. Das ist zugleich Sinn und Ziel der Passionszeit: Am Ende steht nicht das Leid, der elende Tod Jesu am Kreuz. Am Ende steht das Leben, das den Tod hinter sich gelassen hat. Keine Macht dieser Welt kann dieses neue Leben verhindern. Die römischen Soldaten als Wache am Grab sind nur noch Statisten, ohne jeden Einfluß auf das Geschehen. Gott behält die Oberhand, indem er seinen Sohn vom Tode auferweckt. Das hat er auch uns versprochen: Zuletzt führt unser Weg in ein neues Leben bei ihm, unserem Schöpfer und Erlöser.

Dichter wie Rainer Brambach bemühen gern die Natur als Beispiel, um dies zu veranschaulichen: „Was immer der März bereit hält, höre nicht auf den Zweifler! / Die Amsel entkam dem Frost, vernimm sie."

(2008)

Katz und Maus

Diesmal begleiten mich die zahlreichen Lieder von Paul Gerhardt durch die Andachten zur Passionszeit. Nicht jedes seiner Lieder im Gesangbuch ist ein Passionslied, doch selbst in den fröhlichsten Lobgesängen nimmt er auf das Leiden und Sterben von Jesus Christus Bezug. Denn wo sonst wäre die unbedingte Liebe Gottes zu den Menschen zu finden, wenn nicht in der völligen Selbsterniedrigung seines Sohnes? „Blut und Tulpen", so überschrieb daher die Hamburger Wochenzeitung „DIE ZEIT" einen ganzseitigen Artikel aus Anlaß des 400. Geburtstages von Paul Gerhardt am 12. März 2007. In seinem Jubiläumsjahr ist der streitbare Theologe und einfühlsame Liederdichter in aller Munde, nicht nur in Kirchenkreisen.

Aus der Vielzahl der Bücher von und über Paul Gerhardt kaufte ich mir ein kleines Bändchen, in dem sämtliche geistlichen Lieder von Paul Gerhardt gesammelt sind, weit mehr als nur die bis heute gesungenen. Die Buchhändlerin steckte es zum Schutz in eine Papiertüte. Als ich zu Hause das Büchlein auspackte, fiel mir auf diesem Tütchen neben dem Werbeaufdruck auch eine Zeichnung auf: eine ebenso witzige wie tiefgründige Karikatur.

Sie bezieht sich – wie könnte es anders ein - auf das Bücherlesen. Mit wenigen Federstrichen gezeichnet, sitzt eine rundliche Katze behaglich auf dem Boden und ist in ein dickes Buch vertieft. Mit großen, wachen Augen und sichtlich wohlgelaunt liest sie darin, während ein kleines, keckes Mäuschen ihr als Buchstütze dient. Verschmitzt grinsend, hat die Maus offenbar ihren Spaß daran, der Katze das aufgeschlagene Buch zu halten, obwohl sie fast zu klein dafür ist. Arglos hilft sie ihrem Erzfeind bei der Lektüre. Lesen verbindet, so lautet wohl die Botschaft dieser Zeichnung. Lesen vermag selbst Feindschaften zu überwinden wie die zwischen Katz´ und Maus. Zumindest wenn man das richtige Buch zur Hand nimmt.

Solch ein Buch könnte die Bibel sein. Einen Moment lang war ich versucht, zum Stift zu greifen und die Zeichnung durch ein Kreuz auf dem Buchdeckel ein wenig abzuwandeln, damit das Buch in den Händen des Mäuschens auch als Bibel erkennbar wird.

Die Passionsgeschichte darin ruft uns jedenfalls zur Friedfertigkeit. Leid führt sie uns schon genug vor Augen, allem voran das Leiden Jesu, dem seine Widersacher schließlich nach dem Leben trachteten. Doch sein Leiden will uns in den sieben Wochen vor dem Osterfest nicht nur innerlich anrühren. Es fordert uns dazu auf, die Welt friedlicher zu gestalten. Denn mit dem gewaltsamen Schicksal Jesu und mit dessen Auferstehung am Ostermorgen hat Gott die zerstörerische Macht des Todes ein für allemal in ihre Schranken gewiesen. Nie mehr sollen Menschen in Leid und Tod zum Spielball anderer werden und sinnlos vergehen.

Paul Gerhardt hätte solch eine Zeichnung unserer Tage durchaus gefallen, denke ich. In friedloser Zeit, in den Wirren des Dreißigjährigen Krieges, erlebte er Tag für Tag, wie wenig ein Menschenleben zählte. Die Hoffnung, daß Gott der massenhaft erlittenen, leidvollen Schmach ein Ende bereiten und die Seinen schließlich in sein himmlisches Reich des Friedens aufnehmen möge, findet sich in allen seinen Liedern wieder. Durch das Lesen im Buch der Bücher, in der Bibel, wußte Paul Gerhardt sich in ihr bestärkt.

Vielleicht ergeht es uns in der Passionszeit wie jener Katze beim Lesen. Wenn wir in den wöchentlichen Passionsandachten wieder die Geschichte vom Leiden und Sterben Jesu hören, dann erfahren wir, daß wir alle miteinander von Gott zum Leben berufen sind und nicht zum Tod, zur Nächstenliebe und nicht zum Haß der Stärkeren auf die Schwachen. Das aber ließe uns frohen Herzens aufeinander zugehen wie die Katze und die Maus in der Zeichnung auf dem Papiertütchen. (2007)

Den Glauben ins Leben ziehen

Wieder nähert sich der Palmsonntag – für viele Jugendliche der Abschluß ihrer Konfirmandenzeit. Was geben wir ihnen mit als Wunsch für das Leben auf eigenen Füßen? Vielleicht diesen: Zieht den Glauben hinein in euer Leben. Nehmt Gott beim Wort – bei dem Wort, das euch feierlich zugesprochen wird als euer Konfirmationsspruch.

Den Glauben ins Leben ziehen, das ist leichter gesagt als getan. Und manchmal zieht sich unser Glaube heimlich, still und leise aus unserem Leben auch wieder zurück. Dieses Gefühl beschleicht so manchen, auch den jungen evangelischen Landpfarrer Ralf Henrichsen, von dem der Schriftsteller Dieter Wellershoff in seinem einfühlsamen Roman „Der Himmel ist kein Ort“ (Köln 2009) erzählt.

Ganz allmählich kommen diesem jungen Pastoren gleich am Beginn seiner Karriere alle Gewißheiten abhanden, im Leben wie im Beruf. Bei allem, was er tut als Geistlicher, hat er das Gefühl, als stehe er neben sich und spule nur noch ein Programm ab, für das er schon lange nicht mehr eintreten kann. Das Schlimmste daran: Wohin Henrichsen sich auch wendet, seinen Kollegen geht es ähnlich wie ihm. Ausgebrannt und enttäuscht sind auch sie. Selbst sein Dienstvorgesetzter, der großes Verständnis für seine inneren Nöte zeigt, hat im Grunde bereits mit seinem Amt in der Kirchenleitung abgeschlossen und wechselt schließlich in die Politik.

Auf mich wirkt dieses düstere Buch wie eine gute Begleitlektüre für die letzten Tage bis zum Osterfest. Schonungslos schildert es unser Kreuz mit dem Kreuz Christi. Pastor Henrichsen braucht schon von Berufs wegen einen starken, belastbaren Glauben, doch eines Sonntags versagt ihm im Gottesdienst ausgerechnet beim Glaubensbekenntnis die Stimme – der

Tiefpunkt seines erbarmungswürdigen Daseins. Nun ist da nichts mehr, das ihn noch zu tragen vermag. Körperlich wie seelisch bricht er zusammen.

Niemand sagt ihm jetzt, daß dies die Erfahrung ist, die auch Jesus durchlitten hat „in der Nacht, da er verraten ward". Von seinen Jüngern allein gelassen, steigert sich seine Einsamkeit in den letzten Stunden seines Lebens unaufhaltsam. Letzte Zuflucht sucht Jesus schließlich bei jenem Wort aus dem 22. Psalm, das er am Kreuz spricht, als auch ihm nichts weiter bleibt als an Gott zu zweifeln: „Mein Gott, mein Gott, warum hast du mich verlassen?"

Für mich ist die Passionszeit darum eine gute Gelegenheit, den Glauben im eigenen Leben neu zu entdecken. Nicht als angenehme Bereicherung für die Sonnenseiten des Lebens oder als Spaßfaktor, sondern gerade auch da, wo er uns längst schon abhanden gekommen scheint. Diese Wochen vor dem Osterfest erlebe ich jedes Mal als das Angebot Gottes, ihn auch auf der Schattenseite des Lebens wiederzufinden. Im Scheitern und im Zweifeln. Im Kreuz Jesu.

Denn das Kreuz gehört zum Leben dazu. Manchmal auch auf ungewöhnliche Weise wie in einer Kirche, in der ich es beim Blick zu Boden vor mir auf dem Fußboden fand. Unter einer Bank waren zwischen den Fliesen die Fugen herausgefallen - genau in der Form eines Kreuzes. Da gehört es doch hin, das Zeichen der Christen, schoß es mir bei dem Anblick durch den Kopf. Gar nicht mal unbedingt vorn auf den Altar, sondern mitten unter die Gläubigen. Dorthin, wo die Menschen in ihrer Kirche sitzen, singend, betend, hörend. Denn Gott geht nicht auf Abstand zu uns.

So fügt es sich ganz trefflich, daß dieser kleine Schaden im Fußboden nicht gleich wieder ausgebessert worden ist. Wahrscheinlich ist er bisher noch nicht einmal bemerkt worden. Eine Zeitlang mag er weiter zeigen, wie das Kreuz sich immer wieder seinen Platz im Leben erobert. Da, wo wir es nicht erwarten. Und das ist gut so.

(2010)

Erdzeitalter

Die Luft ist frisch hier oben. Noch in der Kühle des Morgens stehen wir am Rande eines Hochtals in Oberkärnten. Zu einer geführten Wanderung durch ein geschütztes Tal im österreichischen Nationalpark Hohe Tauern unter Leitung eines Biologen sind wir gekommen, meine Familie und ich, wie viele andere Interessierte auch. Was mag sich dort oben noch erhalten haben an weitgehend unberührt gebliebener Natur?

Schon macht sich die Wandergruppe auf den Weg und marschiert tapfer bergan. Vorneweg unser Leiter: ein ehemaliger Professor von der Universität Salzburg, in Ehren ergraut, ein drahtiger Mann um die achtzig. Er kennt sich in der Gegend aus wie kein zweiter. Immer wieder bleibt er stehen, zeigt uns eine seltene Blume oder eine Flechte am Wegesrand und erklärt uns deren Lebensbedingungen. Eine Blindschleiche ringelt über den Weg und sucht bereits den Schatten. Er hebt sie auf. Die mitwandernden Kinder dürfen das harmlose Reptil auch in die Hand nehmen, mit begeistertem Strahlen in ihren Gesichtern.

An der Waldgrenze hält der Gelehrte inne und weist auf eine Bergflanke. Am nackten Gestein könne man deutlich sehen, wie solche Gebirge in Millionen von Jahren aus dem Urmeer aufstiegen, erklärt er. Schicht um Schicht haben sich Kalkablagerungen am Meeresgrund festgesetzt und wurden ganz allmählich durch unvorstellbare Kräfte zum Gebirge aufgefaltet - wie eine ausgebreitete Tischdecke, die man mit flachen Händen zusammenschiebt. Dann zeigt er auf eine Schuttrinne, die sich vom Gebirgskamm herabzieht. Durch sie rieselt Wasser zu Tal. Vor uns wird es zum Bach, der sich durch die Wiesen seinen Weg sucht.

Das Wasser zerstöre ganz langsam das Gebirge, hören wir. Es sickert durch den Stein und sprengt ihn auf. Gestein platzt ab und wird allmählich zu Tal befördert, besonders wenn es porös ist. Die Gebirgsbäche spülen es aus und nehmen es zu winzigen Körnchen zermahlen mit sich.

Weiter unten vereinigt sich dieser Bach mit der Möll, einem Fluß, der am Fuße des Großglockners im Pasterzengletscher entspringt und schon bald in die weit größere Drau fließt. Zu einem Strom geworden, mündet die Drau viel weiter südlich in Kroatien in die Donau. Was unvorstellbar langsam, aber stetig aus den Bergen vom Wasser ausgewaschen wird, das transportiert die Donau schließlich bis ins Schwarze Meer. Und damit kommen die Gebirge zuguterletzt nach weiteren Millionen von Jahren da wieder an, von wo aus sie einmal entstanden sind: als Körnchen im Meereswasser, das zu zwei Dritteln unseren Erdball bedeckt.

Mittlerweile treibt mir die Sommerhitze den Schweiß auf die Stirn. Längst melden sich ernste Gedanken nach all diesen Erklärungen: Nichts hält ewig. Nicht mal die mächtigen Berge zu unseren Häuptern, die doch gerade erst unter Naturschutz gestellt worden sind, weil die Gebirgslandschaft hier oben noch intakt ist. Geht es der Welt als ganzer am Ende genauso wie jedem einzelnen von uns? Man wird geboren, wächst auf und entwickelt sich. Man findet seinen Platz in der Welt und genießt, wenn es gut geht, die Zeit, die uns hier auf Erden beschieden ist.

So erfahre ich es gerade. Doch nicht mehr lange, dann werde ich alt. Meine Kräfte schwinden, und der Tod wartet schon. Eines Tages muß ich Platz machen für die nächste Generation. Das war´s. War´s das?

Kommt die Welt am Ende da wieder an, wo einst alles begann: beim Urknall oder beim Tohuwabohu des Anfangs (1. Mose 1, 2)? Oder steht selbst dahinter noch Gott, der sich nichts und niemanden aus seiner Hand reißen läßt (Johannes 10, 28)?

Fragen wie diese wirft nicht nur eine geführte Wanderung durch ein herrliches Fleckchen Natur im Hochgebirge der Alpen auf, mitten im Sommer. Sie begleiten mich seither auch durch die Geschichte vom Leiden und Sterben des Jesus von Nazareth jedes Mal in der Passionszeit. Die Antwort gibt es am Ostermorgen.

(2010)

Nützlich wie ein Schweizer Messer

Wie leergefegt wirkt der große Auricher Marktplatz im Nieselregen des Vorfrühlings. Zwei Passanten haben sich unter das Vordach eines Geschäfts geflüchtet. Vor dem Schaufenster hantieren sie mit einem Schweizer Taschenmesser, erkennbar an dem roten Gehäuse mit dem eingelassenen weißen Kreuz darauf. Vielleicht haben sie es gerade erst gekauft und probieren es gleich aus.

Eifrig erklärt ein sichtbar in die Jahre gekommener Mann seiner interessiert dreinschauenden Begleiterin die Vorzüge all der kleinen Werkzeuge darin. Eins nach dem anderen klappt er heraus. So kommt nicht nur die Klinge zum Vorschein, sondern auch ein Kapselheber mit Schraubendreher an seiner Spitze, ein Korkenzieher, sogar eine kleine Säge und eine Ahle. Sichtlich begeistert betrachten die beiden das kleine Wunderwerk. Dieses Taschenmesser hat es buchstäblich in sich. Wer es sich in die Hosentasche steckt, dem bietet es vielfältige Möglichkeiten, die kleinen Herausforderungen des Alltags zu bestehen. Auch ich habe vor vielen Jahren solch ein Messer geschenkt bekommen und weiß es zu schätzen.

Diese beiläufige Beobachtung im Einkaufsgetümmel erinnert mich an ein ganz besonderes Schweizer Taschenmesser, das ich einmal auf einer Karikatur des Zeichners Borislav Sajtinac sah. Aus diesem Exemplar ist alles mögliche aufgeklappt, auch ein Kreuz. Natürlich exportiert die Schweiz keineswegs solche wundersamen Messer. Aber hatte der Künstler nicht eine bezaubernde Idee für diese Karikatur (Borislav Sajtinac, Urbi & orbi. Zeichnungen und Bilder 1983-1993, München 1993, 85)?

Am zweiten Sonntag nach dem Osterfest feiern wir in unserer Gemeinde die Konfirmation. Feierlich und in aller Offenheit werde ich unsere Konfirmanden und Konfirmandinnen im Festgottesdienst fragen, ob sie am christlichen Glauben festhalten wollen, weil er in ihrer Konfirmandenzeit einen bleibenden Wert für ihr Leben bekommen hat. Natürlich werden sie die Konfirmationsfrage bejahen. Anderenfalls wären sie zuhause geblieben.

Doch ist dem so? Hat unser Glaube wahrhaft eine Bedeutung für unser Leben? Was bringt es denn, Christ zu sein? Hand aufs Herz: Die Frage stellt sich auch Erwachsenen noch genauso – oder erst recht. Lohnt es sich, in der Kirche zu bleiben; sich womöglich noch in ihr zu engagieren? Nicht nur Jugendliche fragen unumwunden nach. Später rechnen sie oftmals knallhart mit ihrer Kirche ab – und kehren ihr den Rücken.

Die Karwoche und das Osterfest liegen wieder hinter uns. Am Karfreitag hat sich gezeigt, wofür das Kreuz, an dem der Gottessohn Jesus Christus starb, eigentlich steht. Schließlich ist es zum Erkennungszeichen der weltweiten Christenheit geworden. Klammert sich der Glaube ängstlich an einen Gescheiterten? An einen Gutmenschen, der zweifelsohne Großes versprochen und manches Gute geleistet hat, dafür aber zur Strafe auf dem Richthügel Golgatha kläglich den Verbrechertod am Kreuz sterben mußte?

Oder ist Gottes Kraft, die Jesus von Nazareth für seinen Dienst an notleidenden und bedrängten, gar ausgegrenzten Menschen in Anspruch genommen hat, auch in den Schwachen mächtig, wie es der Apostel Paulus schreibt und für sich in Anspruch nimmt (2 Kor 12, 9)? So mächtig ist sie, daß sie auch die Macht des Todes brechen kann: Das ist die Botschaft vom Ostermorgen. Ihr können wir vertrauen im Leben wie im Sterben.

Vielleicht ergeht es uns mit dem Glauben so wie mit dem Kreuz als Bestandteil eines Taschenmessers auf jener tiefgründigen kleinen Zeichnung von Borislav Sajtinac. Auch der Glaube ist durchaus ein nützlicher Helfer im Alltag. Wie solch ein Schweizer Taschenmesser ist unser Glaube unverwüstlich, ein grundsolider Begleiter durchs Leben.

Nicht immer erschließt sich sein Nutzen gleich auf Anhieb. Man muß ihn nur erst einmal hervorholen wie einen Korkenzieher und ausprobieren wie all die anderen kleinen Werkzeuge aus dem Inneren eines Taschenmessers. Auf Dauer kann ein wenig Pflege auch nicht schaden. Dann aber wächst die Freude daran - wie bei den zwei staunenden Herrschaften auf dem Auricher Marktplatz.

(2005)

Wenn der Glaube fehlt ...

Eine Parabel von Robert Walser über das Leben ohne den Glauben

Etwas fehlt. Etwas muß sich ändern, damit wir wieder ins Reine kommen mit uns selbst. Damit wir wieder zufrieden sind. Wer kennt dieses Gefühl nicht? Von Zeit zu Zeit nagt es an unserem Selbstbewußtsein. Wir warten ab; wir stellen unsere Forderungen ans Leben. Manchmal schreien wir sie heraus. Doch meistens machen wir das stumm mit uns selbst ab. Uns fehlen die Worte.

Ratlos, sprachlos sind wir wie jener Mann, von dem Robert Walser erzählt. Dieser Schweizer Dichter schrieb in der ersten Hälfte des zwanzigsten Jahrhunderts mehrere Romane, vor allem jedoch zahllose kleine Geschichten. Eine von ihnen, nicht mal zwei Buchseiten lang, heißt „Der fremde Geselle" (Robert Walser, Der fremde Geselle, in: ders., Romane und Erzählungen, Bd. 5, Zürich 1984, 75-76).

Sie erzählt von einer nächtlichen Begegnung am Fenster. Gedankenverloren schaut jemand hinaus ins Dunkel der Nacht. Unter sich auf der Straße erkennt er einen Spaziergänger zu später Stunde, der unversehens zu ihm hinaufschaut. Ein kurzer Blickkontakt - und der Mann am Fenster spürt, daß dieser nächtliche Flaneur genauso einsam ist wie er selbst. Ein Wink hätte genügt, und die beiden hätten sich viel zu erzählen gehabt oben in der Wohnung. Das weiß er genau. Ein gutes Gespräch hatte es werden können, auch noch mitten in der Nacht. Eines, das beiden gut tut. Es hätte der Beginn einer wahren Freundschaft werden können. Statt dessen zieht der nächtliche Betrachter die Vorhänge zu - und ärgert sich sogleich über sich selbst.

„Ich begreife mein Benehmen kaum; auf solche Art und Weise kommen sich Menschen in die Nähe und gehen, ohne Spuren zu hinterlassen, wieder voneinander weg. Das ist nicht gut. Das ist eigentlich recht schlecht. Es ist eine rechte Sünde." Der Mann am Fenster ringt um Worte. Er versteht sich selbst nicht mehr. Fassungslos fällt er über sich selbst das Urteil: Er ist ein Sünder.

Ein großes Wort. Ein Wort, das wir nicht so gern hören. Und wer mag das schon ganz freimütig von sich sagen: Ich bin ein Sünder. Das überlassen wir lieber dem Zöllner bei seinem Gebet im Tempel zu Jerusalem. Ihn kennen wir aus dem Neuen Testament (Lk 18, 9-14). Doch Jesus richtet den Reumütigen wieder auf: „Dieser ging gerechtfertigt in sein Haus."

Die kleine Geschichte von Robert Walser hat mir die Augen geöffnet, als ich sie nach Jahren wieder einmal gelesen habe. Denn Sünder sein, das heißt doch wohl, nicht mehr über den eigenen Schatten springen zu können. Mit sich selbst nicht im Reinen zu sein und aus eigener Kraft nichts daran ändern zu können. Und ohne jede Beziehung nach außen zu leben – verkapselt einer Fliege gleich, die seit langer Zeit in einem Stück Bernstein eingeschlossen ist. Nichts dringt nach außen, nichts nach innen. Wer so lebt, hat verloren. Ist der Welt verloren gegangen. Wie jener namenlose Mann am Fenster, der um Worte ringt.

Träge und stolz kommt er sich vor – noch zwei unbequeme Worte. Ob Robert Walser gewußt hat, daß er damit seinem traurigen Helden dieser nächtlichen Geschichte zwei der sieben Todsünden anhängt, welche die Kirche im Mittelalter als unverzeihlich bezeichnet hat? Trägheit und Stolz halten uns von dem ab, was Gott von uns erwartet: mitmenschlich zu leben und nicht nur auf uns selbst bezogen; im anderen Menschen das Geschöpf Gottes zu sehen, das von ihm gleich geachtet ist wie wir selbst.

Wem es einmal so ergangen ist wie diesem nächtlichen Grübler, der an sich selber zweifelt, der weiß, wozu der Glaube gut ist. Darum redet Robert Walser in seiner kleinen Geschichte unterschwellig vom Leben im Glauben, auch wenn mit keinem Wort davon die Rede ist. Denn der Glaube verändert uns. Und er schafft Beziehungen. Er verändert uns, indem er uns beziehungsfähig macht; uns herausholt aus unserem Käfig, an dessen Gittern wir vergeblich rütteln. Denn der Glaube ist ja nichts weiter als eine einzige neue Beziehung: die Beziehung zu Christus, die all unseren zwischenmenschlichen Beziehungen erst Grund und Halt gibt.

Die Beziehung zu Christus macht uns wirklich Beine. Sie führt uns wahrhaft hinunter auf die Straße. Oder hinauf in die Wohnung - je nach Sichtweise. Jedenfalls dahin, wo unser Mitmensch wartet. Der Mensch, der sonst genauso einsam wäre wie ich selbst.

Da ändert sich das Leben. Mehr noch: Da fängt es erst an. Da fängt es erst an, Freude zu machen. Und Freunde auch.

(2012)

Vom Wert des persönlichen Gesprächs

„Jugendliche wissen den Wert des persönlichen Gesprächs nicht mehr zu schätzen." Aus berufenem Munde war dieser Satz zu vernehmen. Im Radio hörte ich eine Verbrauchersendung über Sicherheit und Datenschutz im Internet. Fachleute gaben dazu lauter nützliche Tipps. Doch vor allem erklärten sie, warum gerade junge Leute in den einschlägigen Chatrooms und sozialen Netzwerken unbedacht und großzügig allerpersönlichste Details aus ihrem Leben preisgeben, die jeder Interessierte mitlesen kann. Keine Spur von Mißtrauen gegenüber einer neugierigen Öffentlichkeit im weltweiten Netz. Der Grund dafür, so war zu hören, liege darin, daß gerade Jugendliche der irrigen Auffassung seien, das Internet wahre die Anonymität und halte die Gesprächspartner im Chatroom ausreichend auf Abstand. Im übrigen sei dies ihre gewohnte Form sich auszutauschen - zuhause allein am Computer sitzend. Das persönliche Gespräch ohne diesen technischen Aufwand sei für Jugendliche uninteressant.

Auf unserer Konfirmandenfreizeit wenige Tage zuvor hatte ich einen ganz anderen Eindruck gewonnen. Um die Taufe und ihre Bedeutung für das ganze Leben war es gegangen. Dabei hatten wir uns auch über die Geschichte von der Taufe des Kämmerers aus Äthiopien (Apg 8, 26-39) ausgetauscht.

Als eine im Grunde ganz moderne Gestalt steht uns dieser Mann durchaus nahe: Gebildet und erfolgreich ist er, weltoffen und auf der Suche nach einer Religion, die zu seinem Leben passen könnte. Gerade erst hatte er in Jerusalem den jüdischen Glauben kennen gelernt. Bereits auf der Heimreise ging er daran, seine ersten Eindrücke von dieser Religion zu vertiefen, indem er eifrig in den Heiligen Schriften der Juden las - den fünf Büchern Mose und den Propheten, die wir als Teil des Alten Testaments kennen. Als er mit seiner Kutsche einen Fußgänger überholt, spricht der ihn unvermittelt auf seine Lektüre an. Denn damals war man es gewohnt, sich selber laut vorzulesen, und das war diesem Wanderer nicht verborgen geblieben. Der Kämmerer bittet ihn in seinen Wagen, um ihn ein Stück mitzunehmen, und so kommt man ins Gespräch.

Doch dieser Reisegefährte namens Philippus ist gar kein Jude, sondern ein Christ. Offen und ehrlich erzählt er dem erstaunten Kämmerer darum von seinem eigenen Glauben, dem noch jungen Glauben der Christen, und von dessen Wurzeln im Judentum. Das bleibt nicht ohne Wirkung auf seinen Gesprächspartner. Umgehend läßt der Kämmerer sich von Philippus taufen, weil er selber Christ werden will. Was er suchte, hat er nun gefunden: einen Glauben, der sein Leben trägt.

Hier hat es sich bewährt, das persönliche Gespräch. Ich bin überzeugt, daß der christliche Glaube nur so auch weiterhin Bestand hat: wenn wir uns persönlich darüber austauschen, was uns der Glaube bedeutet und wie er sich in unser Leben fügt. Alles andere ist nachrangig, auch in der Arbeit in unseren Kirchengemeinden.

Nicht nur von jener Freizeit, so hoffe ich, haben unsere Konfirmanden die wohltuende Erfahrung mitgebracht, wie wichtig es ist, das offene und ehrliche Gespräch miteinander zu suchen, auch und gerade in Glaubensdingen. Der nur medial vermittelte und unverbindliche Chat im Internet ist dafür kein Ersatz, so gern und ausgiebig Jugendliche sich in den zahlreichen Chatrooms tummeln und dabei sorglos Privates offenbaren. Oder auf ihrem Facebook-Profil posten. Niemand will ihnen den Spaß daran nehmen – sofern sie dabei auch an die Sicherheit ihrer Daten denken.

(2009/2014)

Kirche und Fußball(-fans)

Zur Fußball-Europameisterschaft im Juni 2008 bekam ich einen Fan-Schal geschenkt. Solche Schals gibt es zuhauf, doch dieser ist ein ganz besonderer. Herausgebracht haben ihn die christlichen Kirchen in den beiden Austragungsländern Österreich und der Schweiz. Ein roter Schal mit weißer Aufschrift: Die beiden Farben Rot und Weiß finden sich in den Nationalflaggen beider Länder wieder. Mit diesem Schal können Christen sich in den Stadien zu erkennen geben. Doch wenn ich im August wie seit einigen Jahren als Urlauberseelsorger im Süden von Österreich tätig werde, ist der ganze Rummel um König Fußball bereits vorbei. So wird mein Schal wohl nicht mehr zum Einsatz kommen.

Zwei Jahre zuvor, im Mai 2006, stand ich an einem Sonnabendnachmittag auf dem Münchener Marienplatz, umringt von tausenden Fußballfans. Eigentlich war ich aus ganz anderen Gründen in der bayerischen Landeshauptstadt, und eher zufällig hatte es mich in die Münchener Innenstadt verschlagen. Auch damals stand ein großes Fußballereignis bevor, die Weltmeisterschaft im eigenen Land. Doch an jenem Nachmittag war ich ziemlich unfreiwillig Teil einer unüberschaubaren und vollends begeisterten Masse, die auf den frischgebackenen deutschen Fußballmeister des Jahres 2006 wartete, den FC Bayern München. Wieder mal.

In der Menschenmenge zu Füßen des Rathausbalkons, auf dem die Fußball-Idole bald erscheinen und sich feiern lassen sollten, wurde mir klar, was den Fußball mit unserem christlichen Glauben verbindet. Beide leben von einem unbeschreiblichen Gemeinschaftsgefühl, das damals mit Händen zu greifen war.

Lange vor dem Eintreffen ihrer Helden reckten die versammelten Fans tausendfach bereits die Meisterschale hoch – ein täuschend echtes

Pappschild, das morgens jeder Münchener Tageszeitung beigelegen hatte. Flugs bekam ich von jemandem neben mir ein überzähliges Schild in die Hand gedrückt, damit ich mitjubeln konnte. Wie unser Glaube lebt der Fußball von solch einem Symbol des Triumphs. Die Meisterschale als Lohn für den hart erkämpften Titel der eigenen Mannschaft nach einer strapaziösen Saison entspricht unserem christlichen Kreuz, welches das aufopfernde Leiden Christi, aber auch seinen Sieg über die Macht des Todes ausdrückt. Um beide Symbole scharen sich Menschen zu einer verschworenen Gemeinschaft und lassen sich auf ein gemeinsames Ziel ausrichten, den Triumph ihrer Helden.

Dazu gehört schließlich auch der Fan-Schal in den Farben der eigenen Mannschaft. Im Stadion stiftet er vollends das Gefühl der Zusammengehörigkeit und verkörpert den eigenen Siegeswillen. Doch warum dann noch ein zusätzlicher Schal der Kirchen zur Euro 2008?

„Kirche 08 - am Ball seit 2008 Jahren", so ist darauf zu lesen. Kirche ist dabei, auch beim Sport, höre ich aus diesem Motto heraus. Sie schaut nicht weg. Sie verbietet auch nichts. Im Gegenteil: Man muß auch gönnen können. Schließlich hatte Jesus seinen Jüngern unmißverständlich geraten: „Gebt dem Kaiser, was des Kaisers ist" (Mt 22, 21) - und dem Fußball genauso.

Kirche 08 - am Ball seit 2008 Jahren: Das ist auch das Versprechen, selbst dann noch für jeden dazusein, wenn Sieg und Niederlage einen Keil in die Masse der Fußball-Fans treiben. Wenn die einen den Triumph ihrer Mannschaft auskosten und die anderen geknickt den Kopf hängen lassen.

Dieser Schal trägt keine Vereinsfarben. So könnte er in den Stadien eine Gemeinschaft stiften, die weit über die Sympathien für die Nationalmannschaften hinaus geht. Eine Gemeinschaft, die auch nach der „Euro 2008" noch trägt und Freude selbst noch im Augenblick der

Niederlage entfacht. Und die Fußball-Fans mit denen zusammenführt, die mit Fußball gar nichts anfangen können. Die soll es ja auch geben.

(2008)

Wischen ist jetzt das neue Blättern

Wischen ist jetzt das neue Blättern. Bei jeder Gelegenheit. Selbst noch in der Kirchenbank.

So war es zu erleben vor einiger Zeit in der Asam-Kirche in München. Wie eine düstere Grotte wirkt ihr Inneres auf jeden, der sie betritt. Der ganze schwere Prunk des Rokoko mitten im geschäftigen Einkaufstrubel der Sendlinger Straße, nur einen Steinwurf vom Marienplatz entfernt. Eine ganz andere Welt tut sich auf zwischen Kaufhäusern und Schnellrestaurants.

Doch das 21. Jahrhundert macht auch vor dem Portal der Asam-Kirche nicht halt. Drinnen sitzen zwei junge Männer in einer der hinteren Bänke. Studenten vielleicht oder Rucksack-Touristen, die immer zahlreich in Münchens Innenstadt unterwegs sind. Mit gesenktem Kopf sind die beiden vollauf beschäftigt: Der eine blättert im „Gotteslob", im katholischen Gesangbuch, auf seinem Schoß. Der andere richtet seinen Blick starr auf das Smartphone in seiner Hand und wischt mit dem Zeigefinger der anderen über den Bildschirm. Welch seltsamer Anblick in meinen Augen.

Offenkundig sind sie beide auf der Suche, jeder auf seine Weise. Wonach suchen sie? Wozu blättert einer der beiden im „Gotteslob"? Geht ihm ein Liedvers durch den Kopf oder sucht er darin ein Gebet, einen Psalm vielleicht? Und der andere: Checkt er mal eben die eingegangenen e-mails, surft er im Internet oder geht er seine Apps durch? Eines haben die beiden gemeinsam: Konzentriert sind sie bei der Sache.

Hätten meine Kinder mich nicht weitergezogen beim Gang durch die Asam-Kirche, ich hätte mich gern neben den ersten der beiden jungen Männer gesetzt: „Komm, ich helfe dir beim Blättern. Laß uns ein Lied anstimmen oder ein Gebet gemeinsam sprechen." Was man so tut in einer Kirche, trotz all der Menschen, die hier einfach so hereinschneien an einem

Nachmittag im März. Jeder auf seine Weise für einen kurzen Besuch. So auch ich mit meiner Familie. Ein einziges Kommen und Gehen in der geschäftigen Münchener Innenstadt, aber warum nicht miteinander aus dem „Gotteslob" einen Choral singen hier im Kirchenraum? Old school wäre das, zugegeben.

Doch statt dessen aus Neugier dem anderen Besucher in seiner Kirchenbank über die Schulter schauen, das gehört sich nicht. Schon gar nicht nach dem Ausspähen von Millionen Handys durch die NSA, den amerikanischen Geheimdienst. Das Handy gehört zur Privatsphäre, und die ist geschützt.

Einen Moment lang war ich versucht, zumindest innerlich die Nase zu rümpfen über sein Tun. Wofür braucht dieser da eine Kirchenbank, um einfach nur seinen Spielereien am Handy nachzugehen? Das kenne ich doch zur Genüge, nicht nur von abgelenkten Konfirmanden, denen ihr Handy allemal wichtiger ist als die Mitarbeit im Konfirmandenunterricht oder meine Predigt im Gottesdienst am Sonntagmorgen. Auch Erwachsenen, selbst Kollegen und Kolleginnen, klebt ihr Smartphone wie angewachsen an der Hand. Und es zieht die ganze Aufmerksamkeit seines Besitzers auf sich, in jedem Augenblick. Auch in Pfarrkonferenzen immer einen Blick drauf werfen und mal eben die e-mails checken, twittern oder etwas auf dem Live-ticker verfolgen – es fällt so leicht, denn das Smartphone ist immer mit dabei. New school, multioptional, weltweit unterwegs. In Echtzeit. Mit allen Chancen und Risiken.

In der „heute-Show" des ZDF schlug ein Comedian angesichts des Handy-Abhörskandals eine in seinen Augen ebenso futuristische wie revolutionäre Lösung vor: Ich sollte nicht mehr telefonieren oder twittern, so höhnte er, sondern einfach hingehen zu den Leuten, denen ich etwas mitzuteilen habe. Schenkelklopfen und donnernder Applaus beim Publikum im Studio. Nostalgie als zukunftsträchtig zu verkaufen, sichert allemal einen Lacherfolg.

Und doch gefriert mir das Lachen im Hals zuhause auf dem Sofa vor dem Fernsehschirm.

Denn genau das ist doch meine Aufgabe als Pastor: hingehen zu den Leuten. Ihnen wirklich zur Seite stehen, meinen Gemeindegliedern, und bei ihnen sein, ganz wörtlich. Mit ihnen reden und auf sie hören. Sollen sie mich doch anrufen oder mir eine e-mail schicken, wenn sie etwas von mir wollen - das zieht nicht. So funktioniert das nicht. Auch wenn meine Handynummer bekannt ist und mir das Smartphone standby geschaltet wie festgewachsen an der Hand klebt. Auch wenn ich den Auftritt meiner Gemeinde im Internet gewissenhaft pflege.

Glaube funktioniert so nicht. Er verbreitet sich so auch nicht, trotz des weltweiten Netzes. Die Frohe Botschaft braucht Boten aus Fleisch und Blut. Sie läßt sich nicht genauso gut in Bits und Bytes umwandeln und im Netz rund um den Globus schicken. Das dringt wohl in jeden Rechner. Aber dringt das auch in jedes Herz?

Religion braucht die face-to-face-community, das lebendige mitmenschliche Gegenüber im Gespräch. Der Glaube verbreitet sich nur da, wo Menschen sich ins Auge schauen können und miteinander reden. Und aufeinander hören. In der Familie wie in einer lebendigen Gemeinschaft unserer Kirchengemeinden. Das bleibt ja wahr, auch wenn es die pastoralen Einsichten meiner theologischen Ausbildung im vergangenen Jahrtausend waren, lange vor dem Internet. Durchbuchstabiert an Worten aus dem Alten wie dem Neuen Testament: Nichts geht ohne die persönlich überbrachte Botschaft. Sie ist die Quelle all dessen, was später in der Bibel steht.

Der Glaube kommt aus dem Hören, nicht nur weil der Apostel Paulus das geschrieben hat im Brief an die Christen und Christinnen zu Rom (Röm 10, 17) und weil er selber sich den Mund fusselig geredet hat auf seinen Missionsreisen. Mit mehr oder weniger Erfolg.

Der Glaube kommt aus dem Hören, und dafür braucht es mindestens einen oder eine, die redet. Die zu reden weiß vor Menschen, die ihr zuhören. Oder ihm. Und das ist unsere vordringliche Aufgabe als Prediger und Predigerinnen: das verschriftete Wort aus der Bibel wieder zum gesprochenen Wort werden zu lassen. Zum persönlich zugesprochenen Wort. Und als Person dafür einzustehen, mit all unseren Stärken und Schwächen.

Das geht nicht im Netz. Nirgendwo wird soviel gelogen wie auf facebook, sagte mir ein Jugendlicher einmal im Jugendkreis. Das wisse doch jeder. Aber nirgendwo kann sich der Lügner den Belogenen auch so leicht auf Abstand halten wie im Internet. Von dessen Enttäuschung oder Wut bekommt er kaum etwas mit. Höchstens eine erboste Reaktion im Chat. Persönlich dafür geradestehen, Vorwürfe aushalten, Vorwürfe in Worten, mit Gesten und mit Blicken - das muß der Lügner ohnehin nicht.

Doch die Botschaft, die wir zu verbreiten haben, lebt vom Boten. Mit ihm und durch ihn. Wieviel Kraft das kostet, das hat wahrscheinlich niemand so drastisch und so schmerzlich verspürt wie der Bischof von Limburg. Er ist unten durch, als Bote unbrauchbar, un-glaubwürdig geworden nach allem, was war.

Gleichwohl geht diese Kraft von der Botschaft aus, von jedem Wort der Bibel. Um sie weiterzugeben, dafür will ich gerne hingehen und hinsehen. Und hinhören sowieso. Auf die Menschen, die ab und zu noch in der Bibel oder im Gesangbuch blättern, und auf die, deren Welt längst das Netz ist. Wenn es gut geht, sitzen sie beide am Sonntagmorgen im Gottesdienst. Oder alltags nebeneinander in der Kirchenbank, einfach so. Jeder in seiner Welt, und doch beide in der einen Welt Gottes. Sie alle zu lieben, wird Gott nicht müde. Das ist die Botschaft für jeden von ihnen.

Wischen ist jetzt das neue Blättern - und Twittern ist das neue Predigen? Noch ist es nicht so weit. Noch besteht beides nebeneinander, die offline-Kirchen und die online-Religiosität. Es wäre schön, wenn es so bliebe - um der Botschaft und ihrer Adressaten willen.

(2013)

„Weil ich Jesu Schäflein bin ....“

Wer läßt sich schon gern in sein Schlafzimmer sehen? Doch wie die Menschen in früheren Zeiten gelebt haben und wo sie sich nachts zur Ruhe betteten, das konnten meine Familie und ich im Urlaub in Oberbayern erkunden. In Amerang nördlich des Chiemsees steht ein wunderschönes großes Freilichtmuseum. Dort sind zahlreiche alte Bauernhöfe aus dem bayrischen Voralpenland zu sehen, komplett wiederaufgebaut. Teilweise mehrere hundert Jahre alt. Lebendige Geschichte: Unseren Kindern konnten wir dort zeigen, wie die Menschen früher gelebt haben auf dem Lande. Früher, das heißt: vor dem Ersten Weltkrieg, also mindestens zur Zeit, als ihre Urgroßeltern so jung waren wie sie.

Eines fällt sogleich auf; selbst meine Kinder haben es bemerkt: Auf den Bauernhöfen gab es außer der Wohnküche früher nur Schlafzimmer. Was die Menschen besaßen, ihr ganzes Hab und Gut, das paßte in einen einzelnen großen Kleiderschrank. Hinzu kam noch eine Truhe für das Bettzeug. Der Schrank stand neben dem Bett, am Fenster gab es noch einen Tisch mit einem Stuhl davor. Mehr besaßen die Menschen nicht. All das fand sich in jedem Schlafzimmer. Es gab keine gute Stube, keine „Upkamer“ wie bei uns daheim in Ostfriesland, auch kein modernes Eßzimmer.

Nach der Arbeit saßen die Menschen noch am Küchentisch beisammen, möglichst nahe am gut geheizten Ofen, und aßen ihr Abendbrot. Danach zog sich jeder in seine Schlafkammer zurück und fiel todmüde ins Bett. Unterhaltung aus dem Fernseher oder dem Radio gab es ohnehin nicht. Vom Internet, wie wir es nahezu pausenlos nutzen, noch ganz zu schweigen.

So karg waren die Räume der Menschen ausgestattet damals auf dem Lande. Manchmal waren die Betten etwas bequemer, manchmal auch ganz bescheiden und klapprig. Je nach dem, was sich die Leute leisten konnten. Nur eines durfte niemals fehlen: das Andachtsbild über dem Bett.

Oftmals war das ein Bild des Guten Hirten. Irgendein schlichter Öldruck, wie es ihn damals in der guten alten Zeit billig zu kaufen gab. Heute wirken diese massenhaft gedruckten Bilder peinlich auf uns. Wir müssen schmunzeln, wenn wir sowas noch im Museum sehen. Würden wir uns so einen „Ölschinken" heute noch im Schlafzimmer an die Wand hängen? Aber so war es nunmal, und im Freilichtmuseum wollen wir ja erfahren, wie die Menschen in früheren Zeiten gelebt haben. Auch das gehört dazu: ein kitschiges Andachtsbild über dem Bett.

Wissen Museumsbesucher heute überhaupt noch zu sagen, wer da abgebildet ist als Hirte mit Stock und Schlapphut - meistens vor einer schönen, idealen Landschaft, dazu ein Schaf an seiner Seite? Vertrauensvoll reckt es den Kopf nach oben und schaut auf zu seinem Hirten. Inniger, liebevoller könnte ihr Verhältnis nicht sein. „Weil ich Jesu Schäflein bin, freu ich mich nur obenhin"- ältere Menschen haben noch das passende Volkslied dazu in der Schule gelernt. Doch daß Jesus sich im Johannesevangelium mit einem guten, treusorgenden Hirten verglichen hat (Joh 10, 11.14), das weiß heute kaum noch jemand. Dafür muß man schon bibelfest sein, und wer ist das noch? Wer hat heute noch einen wirklichen Hirten mit seiner Schafherde gesehen und weiß, was so jemand täglich bei Wind und Wetter draußen leisten muß?

Unter diesem Andachtsbild fielen die Menschen abends hundemüde ins Bett, und unter diesem Bild wachten sie morgens wieder auf. Vielleicht richteten sie ihren letzten Blick noch einmal auf diesen milde lächelnden Jesus mit dem Schaf an seiner Seite, bevor ihnen die Augen zufielen. Dann sprachen sie noch ein kurzes Nachtgebet. Und sowie sie frühmorgens ihre

Augen wieder aufschlugen, begrüßte sie ebenfalls der Gute Hirte. „Weil ich Jesu Schäflein bin ..."

Seinerzeit haben diese vertrauten kleinen Rituale die Menschen gestärkt. Sie haben ihnen Kraft und Zuversicht gegeben für jeden neuen Tag. Ihr ganzes Leben wußten unsere Vorfahren gut aufgehoben bei diesem Guten Hirten. So wie heute noch die Schafe auf den Heidehöfen in meiner Heimat, der Lüneburger Heide. Auch sie sind darauf angewiesen, daß ihr Hirte sie tatsächlich auf gute Weide führt, draußen in freier Wildbahn, und sie zusammenhält als seine Herde, damit keines verlorengeht und abends alle Schafe wieder vollzählig in den Stall zurückkehren. In den Sommermonaten läßt sich all das mit ein bischen Glück noch beobachten in der Gegend um Soltau oder Uelzen.

Das ganze Leben wacht Jesus so über uns wie ein guter Hirte. Und das ganze Leben hat zu tun mit diesem Bett, das jedem Menschen zustand damals auf den Bauernhöfen. Mehr hatten sie nicht, und mehr brauchten sie auch nicht: ein Bett, einen Schrank, einen Stuhl. Und oben über dem Bett an der Wand wacht der Gute Hirte auf einem Andachtsbild.

In solch einem Bett, einem elterlichen Doppelbett, sind ältere Menschen noch zur Welt gekommen. Früher gab es nur Hausgeburten. Danach bekam die frischgebackene Mutter einige Tage Bettruhe verordnet, bevor sie erstmals wieder aufstehen und das Haus verlassen durfte, um sich stolz mit dem Neugeborenen den Nachbarn zu zeigen. Auch darüber wachte der Gute Hirte. Mutter und Kind sind bei ihm gut aufgehoben, von Anfang an.

Wie erholsam war das, nach der schweren Arbeit in der Landwirtschaft sich abends einfach todmüde in die Kissen fallen zu lassen. Und Jesus, der Gute Hirte, gönnt uns die Ruhe der Nacht. Längst ist die Arbeit leichter geworden, auch in der Landwirtschaft, dank der modernen Maschinen. Und doch kann ich das gut nachfühlen, wenn ich im Freilichtmuseum in solche

Schlafkammern von früher schauen darf, die eingerichtet sind wie vor mindestens hundert Jahren.

Manchmal fesselt eine Krankheit die Menschen ans Bett, damals wie heute. Auch das gehört zum Leben dazu. Schweißgebadet wälzen wir uns auf unserem Lager und richten unseren Blick erwartungsvoll auf den Guten Hirten an der Wand. Jetzt haben wir Jesus besonders nötig. Wird er uns helfen, buchstäblich wieder auf die Beine zu kommen?

Doch der Gute Hirte gönnt uns auch manche schönen Stunden. Die Stunden der vertraulichen Zweisamkeit von Mann und Frau. Oder wenn die Kinder oder später die Enkel frühmorgens ins Zimmer gestürmt kommen und unbedingt noch ein bischen kuscheln wollen mit ihren Eltern oder schon den Großeltern.

Immer ist Jesus mit dabei - so wie das billige Bild vom Guten Hirten über dem Bett an der Wand hing, jahrein, jahraus. Und das ist gut so.

Unser ganzes Leben wissen wir bei ihm in guter Hand. Was auch immer kommen mag: Jesus gibt auf uns acht. Der Gute Hirte läßt sein Leben für die Schafe. Jesus gibt niemanden verloren. Daß alle Schäfchen beisammen bleiben und den Weg nach hause finden, den Weg heim zu Gott, das läßt Jesus sich auch etwas kosten. Sein eigenes Leben gibt er dran. Welcher Hirte würde schon so weit gehen, auf sich selbst zuletzt zu achten, wenn nicht Jesus?

Mag solch ein Bild über dem Bett auch noch so kitschig sein und auf uns Nachgeborene nur noch peinlich wirken: Selbst noch im Museum strömt es eine ganz besondere Ruhe aus, auch wenn wir es verlegen lächelnd nur noch bestaunen als eine Hinterlassenschaft unserer Vorfahren. Bei Gott dürfen wir zur Ruhe kommen, buchstäblich an jedem Abend, wenn wir uns zu Bett legen.

Bei ihm finden wir auch Ruhe, wenn unser Leben einmal zu Ende geht. Vielleicht hat dieses Bild über den Betten der Menschen früher dann erst seine ganze Kraft entfaltet. Denn zuhause und nicht im Krankenhaus möchten wir unser Leben beschließen, im eigenen Bett und umsorgt von den Menschen, die uns nahestehen. Dann nimmt Jesus uns auf und schließt uns für immer in seine Arme. Wie der Gute Hirte, der stets acht gibt auf jedes seiner Schäfchen. Auch wenn uns das Leben vielleicht auf Abwege geführt hat, die wir uns lieber erspart hätten. Am Schluß finden wir heim. Wir kehren heim zu Gott, behütet und geleitet von Jesus, unserem treuen Guten Hirten.

Das trägt im Leben wie im Sterben. Kein Wunder, wenn auch wir uns der Kraft solcher Bilder nicht entziehen können, der Anziehungskraft, die immer noch von den alten Darstellungen des Guten Hirten ausgeht. Und seien sie noch so kitschig als Andachtsbilder an der Wand, wenn wir sie im Museum verschämt betrachten. Und zuhause womöglich vermissen?

Vielleicht erfüllt uns solch ein Besuch in einem Freilichtmuseum mit seinem Blick ins Schlafzimmer vergangener Generationen auch mit Wehmut. Denn wir spüren, was uns verloren gegangen ist im Vergleich zu der Zeit unserer Vorfahren, der Großeltern und der Urgroßeltern. Das Leben ist ärmer geworden ohne ihren Glauben. Ohne das feste Vertrauen in diesen Guten Hirten, der unser ganzes Leben kennt mit all seinen Höhen und Tiefen.

Doch das läßt sich ja erneuern. Jederzeit dürfen wir zu Jesus zurückkehren wie ein verlorengegangenes Schäfchen. Auch ohne daß wir uns gleich wieder solch ein kitschiges Andachtsbild über das Bett hängen müßten wie früher. Denn das ist Geschmackssache.

(2013)

„Sichtbar evangelisch“

Vor Ostern sind sie mir wieder begegnet: die beiden rechten Winkel in Violett und Gelb. Sie sind so gegeneinander versetzt, daß sie sich zum Kreuz ergänzen. Darunter steht der Leitspruch: „Sichtbar evangelisch“.

In Kufstein in Tirol fiel mir der Gemeindebrief der dortigen evangelischen Kirchengemeinde in die Hände. Dessen Titelseite zeigt obenan dieses farbige Kreuz: „Sichtbar evangelisch“.

Manchmal sehe ich es auch zuhause vor mir auf dem Tisch: als Aufdruck auf einem Kaffeebecher. Dieses Kreuz, das Zentrum unseres Glaubens, des evangelischen zumal, ist bunt und modern gestaltet. So wirkt es keineswegs düster und altbacken, sondern einladend.

Der Becher ist ein Geschenk von Freunden aus Österreich. Längst hat das violett-gelbe Kreuz einen hohen Wiedererkennungswert bekommen. Seit ein paar Jahren ist es zum Markenzeichen der österreichischen evangelischen Kirche geworden.

Sichtbar evangelisch: Für die Protestanten in Österreich heißt dies zuerst einmal, als kleine Minderheit im Lande überhaupt wahrgenommen zu werden. Schließlich gehören nicht mal mehr 5 Prozent der Österreicher der Evangelischen Kirche an; die ganz überwiegende Mehrheit ist katholisch. Und auch in Österreich steigt die Zahl derer, die sich gar keiner Kirche mehr zugehörig fühlen. Darum fragt sich, wie das dort in die Tat umzusetzen ist, als Minderheitenkirche in der Öffentlichkeit „sichtbar evangelisch“ zu sein.

Seit mehr als zehn Jahren fahre ich mit meiner Familie jedes Mal in den Sommerferien in den Süden von Österreich, um dort in mehreren Luftkurorten im Hochgebirge für drei Wochen den Dienst als Urlauberseelsorger zu übernehmen. Während unseres Urlaubs bin ich dann zugleich als Kurprediger für die evangelischen Gäste, aber genauso für die wenigen einheimischen Protestanten tätig. Sichtbar evangelisch, das bedeutet dort, mit bescheideneren Mitteln als die Touristenseelsorge bei uns auf den Campingplätzen in den ostfriesischen Küstenbadeorten oder auf den Inseln deren Gästen den evangelischen Glauben nahezubringen. Das Motto ist dabei durchaus wörtlich zu nehmen. Denn es ist gar nicht so einfach, neben den überall aushängenden Plakaten mit Hinweisen auf zahllose Angebote für die Urlauber überhaupt erst einmal in Erscheinung zu treten.

Das gelingt noch jedes Mal dank der Gastfreundschaft der Menschen dort in Kärnten. Großzügig stellen katholische Gemeinden in den Sommerwochen ihre Kirche oder doch ihr Gemeindehaus auch für evangelische Gottesdienste zur Verfügung. Der Kurdirektor eines Luftkurortes gestattet mir, Abendandachten mitten im Kurpark zu feiern und dafür die Konzertmuschel zu nutzen. Eine weitere Gemeinde schließt zudem im Sommer eigens für den evangelischen Gottesdienst in ihrem Rathaus den herausgeputzten Trausaal auf. Am Sonntagabend versammeln sich darin dann keine aufgeregten Brautpaare vor dem Standesbeamten. Statt dessen treffen sich dort Gottesdienstbesucher mit mir, um gemeinsam zu singen und zu beten und Gott Dank zu sagen für beglückende Erfahrungen und die Erholung im Urlaub.

Sichtbar evangelisch: Nicht nur unter den zahlreichen Urlaubern in Kärnten, an den berühmten und im Sommer übervölkerten Seen wie auch im Hochgebirge, werden wir erst wieder wahrgenommen, wenn wir zumindest von Zeit zu Zeit unsere Kirchenmauern verlassen und uns in die Öffentlichkeit begeben. Hinaus ins Grüne, auch daheim: Kein Wunder, daß bei uns in Ostfriesland der Gottesdienst zu Himmelfahrt in einem nahegelegenen Schloßpark unweit der Nordseeküste sich seit vielen Jahren großer Beliebtheit erfreut.

Im Urlaub in Kärnten mag ich besonders die Abendandachten im Mallnitzer Kurpark unter alten Bäumen und mit dem Rauschen eines Gebirgsbaches im Hintergrund. Um uns herum die steil aufragenden Berge der Hohen Tauern. Manch ein Gast ist gerade erst von einer Wanderung dort oben ins Tal zurückgekehrt und kann in der Andacht zum Tagesausklang seinen Erlebnissen noch einmal nachgehen, wenn zum Beispiel der Beginn des 121. Psalms zu hören ist: „Ich hebe meine Augen auf zu den Bergen: Woher kommt mir Hilfe? Meine Hilfe kommt von dem Herrn, der Himmel und Erde gemacht hat."

Dann läßt sich mit Händen greifen, daß wir unsere christliche Existenz als Wesen zwischen Himmel und Erde führen: Wir sind fest verwurzelt auf der Erde, doch wir streben himmelwärts zu Gott. So manchen zieht es darum im Sommer zum Urlaub ins Gebirge, wieder andere rühmen als Gäste bei uns in Norddeutschland den hohen Himmel über der offenen Landschaft. Beides bewußt wahrzunehmen, mag uns Gott ein Stück näherbringen in den schönsten Wochen des Jahres. Draußen in seiner farbenprächtigen Schöpfung und „sichtbar evangelisch".

(2014)

Auf in die Sommerfrische

„Fahren auch Bauern mal in den Urlaub?“ Die Frage stellte ein Hörer am Telefon in einer Radiosendung über die Chancen der ökologischen Landwirtschaft. Allerlei Fachleute hatte der Moderator zu sich ins Studio geladen, darunter auch junge Landwirte. Sie berichteten davon, mit wieviel Arbeit das nachhaltige Bewirtschaften ihrer Höfe verbunden sei, Tag für Tag. Und dann dieser Stoßseufzer eines mitfühlenden Hörers: „Macht ihr denn niemals Urlaub?“

Die Antwort fiel erwartungsgemäß zwiespältig aus. Natürlich müsse auch mal eine Reise drin liegen, so schwer das auch zu organisieren sei, sagte einer der Betroffenen. Schon wegen der Kinder, fügte er noch hinzu. Denn seine Kinder hätten schließlich auch das Recht, ihre Eltern wenigstens einmal im Jahr nicht immer nur bei der Arbeit zu erleben.

Ein anderer Gesprächspartner sah das ganz anders. Auf Urlaub könne er gut verzichten, hielt er selbstbewußt dagegen. Schließlich wohne er mit seiner Familie in einer Gegend, wo im Sommer genügend Gäste anreisten, um bei ihm auf dem Hof ihre schönsten Wochen des Jahres zu verbringen. Gleich vor der Haustür habe man doch alles, was das Herz begehrt: eine herrliche Landschaft und prächtiges Wetter. Kein Wunder, daß dieser Jungbauer sich so zufrieden und so stolz auf seine Heimat gab. Denn sein Dialekt verriet dem Radiohörer, wo er zuhause ist: in Oberbayern, der beliebtesten Urlaubslandschaft Deutschlands.

Bei uns in Ostfriesland sehen wir das genauso. Auch zu uns kommen nicht nur im Sommer zahlreiche Gäste aus genau dem gleichen Grund: die Ruhe und die schöne Gegend zu genießen, den hohen Himmel darüber und die gute Luft. Was sollen wir da noch selber wegfahren?

Dennoch zieht es so manchen im Sommer wieder in die Ferne. Einmal richtig rauskommen und Abstand gewinnen vom Alltagstrott. Nicht nur, aber auch der Kinder wegen. Raus in die Natur und andere Gegenden kennen lernen. Möglichst unberührt soll sie sein, unsere Urlaubslandschaft. Das erwarten auch unsere Gäste auf den Inseln, an der Küste und im Hinterland der ostfriesischen Halbinsel zwischen der Ems und dem Jadebusen.

Vor gut hundert Jahren hat dieses Fernweh begonnen. Wer es sich damals schon leisten konnte, der packte im Sommer seine Koffer und verreiste an die See. Oder in die Berge. Zur Sommerfrische, wie es damals hieß. Und die Kirche reist mittlerweile hinterher mit ihren Angeboten für Urlauber, durch ganz Europa, aber auch zu uns. Auf einigen großen Campingplätzen ist sie auch in Ostfriesland vertreten, die evangelische Touristenseelsorge. Damit der Urlaub gelingen möge und die Gäste allenthalben die Seele baumeln lassen können. Und neue Kraft schöpfen - nicht nur dank der guten Luft, sondern auch von Gott, der ihnen wie auch den Daheimgebliebenen besonders nahe sein will in diesen so wichtigen, erholsamen Wochen im Sommer.

Ein kleines Aquarell aus jener Zeit des sommerlichen Aufbruchs in die Alpen vor über hundert Jahren steht mir vor Augen. Der Wiener Künstler Rudolf von Alt hat es gemalt, und als Postkartenmotiv ist es seither oftmals gedruckt worden. Es zeigt das Anlauftal bei dem berühmten österreichischen Kurort Bad Gastein. Jeder Sommerfrischler, jeder Kurgast dort hat dieses Tal als Wanderparadies gewiß für sich entdeckt.

Einen Himmel wie aus dem Bilderbuch hat Rudolf von Alt gestaltet. Feine weiße Wölkchen vor tiefblauem Himmel: Kaiserwetter. Darunter unberührte Natur, so scheint es. Dichter Nadelwald, der sich die steilen Bergflanken hinaufzieht. Ein schmaler Weg lädt zum Wandern ein, mit einem hölzernen

Geländer gegen einen Bachlauf gesichert. Eine perfekte Urlaubsidylle, wie gemacht für die Erholungsuchenden.

Gleich hinter Bad Gastein spannen auch wir schon seit Jahren aus vom Alltag. Mit dem Zug geht es von Böckstein noch im Tunnel durch den Hauptkamm der Hohen Tauern auf die Südseite der Alpen. Unser Auto transportiert die Bahn huckepack dorthin gleich mit.

Doch nicht nur als Erholung suchender Urlauber reise ich an. Gleichzeitig bin ich dort als Seelsorger für die anderen Gäste da und feiere mit ihnen evangelische Gottesdienste in dieser fast rein katholischen Gegend im Kärntner Oberland zwischen dem Millstätter See und dem Großglockner. Als Urlauber unter Urlaubern sich mit anderen auszutauschen, sich nicht nur gegenseitig mit Ausflugstipps zu versorgen, sondern auch über den Glauben ins Gespräch zu kommen, über das, was unser Leben wirklich trägt, ob nun auf Reisen oder zuhause – das bereichert auch für mich seit etlichen Jahren die schönsten Wochen eines jeden Sommers. Obwohl ich selbst im Urlaub noch nebenher als Pastor arbeite – und eigentlich zuhause bleiben könnte. Denn auch die herbe Küstenlandschaft bei uns in Ostfriesland kann sich sehen lassen.

(2010)

Sandrippen am Strand

Die Tourismus-Werbung weiß es längst: Ostfriesland ist eines der beliebtesten Reiseziele in Deutschland. Vor allem die Nordsee zieht die Urlauber an. Das Wattenmeer ist einzigartig in der ganzen Welt. Es ist Erholungsraum für die Gäste und hat viel zu bieten. So auch ein unerklärliches Schauspiel der Natur: Zweimal am Tag hinterläßt die Flut im Wattenmeer unendlich vielfältige Sandrippen auf dem Boden des Meeres. Bei Ebbe gibt das zurückweichende Wasser sie frei, um sie sechs Stunden später wieder zu überspülen. An der Nordseeküste kennt das jeder. Doch wie das Meer diese Rippen im Sand formt, das weiß bis heute niemand schlüssig zu erklären.

Wer im Urlaub an die Nordseeküste reist, nach Ostfriesland oder auch weiter nördlich nach Nordfriesland, der ist stets fasziniert vom Wechselspiel des Meeres bei Ebbe und Flut. Auf dem Deich stehend, gilt es erst einmal nachzuschauen: Wo ist jetzt eigentlich das Wasser?

Was könnte auch schöner sein als morgens in klarer Luft auf dem weitläufigen Sandstrand der ostfriesischen Inseln oder auf der riesigen Sandbank vor St. Peter Ording an der Westküste von Nordfriesland spazieren zu gehen? Zur frühen Stunde bei ablaufendem Wasser bietet sich der von der nächtlichen Flut geformte Boden noch unberührt dem Auge des Betrachters dar. Unverkennbar hat das Meer die Rippen im Sand gebildet. Noch steht die Sonne tief und zeichnet mit weichem Licht den trockengefallenen Meeresboden.

So früh am Morgen, vielleicht noch vor dem Frühstück, tummeln sich nur wenige Menschen am Strand. Mit ihren Fußspuren werden sie schon bald die weichen Sandrippen zertreten, bis das Wasser all das bei Flut verwischt und die eigenartige Struktur auf dem Meeresboden wiederherstellt. Wunderbare, staunenswerte Bilder entstehen, wenn man solche Sandrippen fotografiert. Wer dieses Naturschauspiel der Nordsee noch nie gesehen hat, denkt beim Anblick solcher Fotos an unendliche Sandwüsten irgendwo in Afrika. Der Maßstab kommt dabei abhanden, vor allem wenn kein Strandgut oder Muscheln aufs Bild geraten. Was sich vor unseren Augen kleinteilig im Sand abzeichnet, das erweckt auf einem Foto leicht den Eindruck riesiger Dünen.

Wenig später ist all das zertrampelt. Jeder Spaziergänger hinterläßt seine Fußspuren oder die Tritte seiner Schuhe im Sand. Schon bald überlagern und durchkreuzen sie sich zu tausenden. Durchgewühlt wirkt dann der Strand. Und doch: Wie faszinierend ist es, daß die nächste Flut das Durcheinander wieder wegwischt. Und jedes Mal hinterläßt sie anders geformte Sandrippen - ein unendliches Formenspiel, das sich zweimal am Tag erneuert.

Mich hat das begeistert, seitdem ich als kleines Kind zum ersten Mal mit meinen Eltern Urlaub an der Nordsee gemacht habe. Seitdem ziehen mich die weitläufigen Strände immer wieder an, in Ostfriesland natürlich mehr noch auf den Inseln als an den Küstenbadeorten, wo die Strände nicht so weitläufig sind.

Doch was läßt zu morgendlicher Stunde Spaziergänger oftmals versonnen zu Boden blickend ausgiebig am Strand entlangstreifen, vielleicht vor der Promenade auf Borkum oder am Nordstrand auf Norderney? Sie genießen es, möglichst allein zu sein mit sich und allenfalls ein paar kreischenden Möwen, bevor all die anderen Urlauber wieder massenweise dort einfallen. Vielleicht begeistert sie die tief reichende Erfahrung, daß der wie unberührt sich darbietende und von neuem zu Rippen geformte Meeresboden unversehens zu einem Spiegelbild der eigenen Seele wird. Wunschträume steigen in uns auf.

Denn danach sehnen wir uns wohl alle tief im Innern: Für jeden von uns möge es eine Kraft geben, die uns wohlgesonnen ist und die alles hinwegzuwischen vermag, was das Leben bereits an Spuren auf unserer Seele hinterlassen hat. Nichts davon soll ewig auf uns lasten. Erneuern möchten wir uns, die Seele wieder aufatmen lassen, befreit von aller Last. Noch einmal durchstarten im Leben.

Diese Sehnsucht macht sich auch das Fremdenverkehrsgewerbe zueigen. Nicht nur an der Nordseeküste spielen dann die Werbetexter für die bunten Urlaubsbroschüren der Kurorte mit solchen Gefühlen. Den Alltagstrott hinter uns zu lassen, einmal abzuschalten, neue Kräfte zu tanken, unseren inneren Kompass wieder neu zu justieren: Mit unerschöpflicher Kreativität bemühen die Kurverwaltungen sprachliche Bilder, um für mancherlei Urlaubsziele und deren beruhigende Wirkung auf die Seele die Werbetrommel zu rühren.

Noch jedes Mal läuft es auf diesen einen Gedanken hinaus: Wir möchten endlich einmal alles abstreifen, was auf der Seele lastet und uns das Leben schwer macht: den Alltagsstress, Probleme in Ehe und Familie oder am Arbeitsplatz, die Angst davor, im Leben irgendetwas zu verpassen und nur noch sinnlos seine Tage zu verbringen. Kurzum: ins Reine kommen mit uns und mit der Welt - das wünschen wir uns.

Und wann wäre die Gelegenheit dazu günstiger als im Urlaub? Allein der räumliche Abstand zum oftmals leidvoll ertragenen Alltagstrott verschafft uns schon Erleichterung. Das Leben zeigt sich von seiner anderen, der leichten Seite. Die Seele blüht wieder auf.

So wohltuend diese lange ersehnte schönste Zeit des Jahres im Sommer auch ist: Nach wenigen Tagen oder Wochen kehren wir nach hause zurück. Der Urlaub ist zu Ende, und alles beginnt von vorn. Der ganze Stress, bis wir das Gefühl haben: Andere trampeln mutwillig auf uns herum. Auch die Wirkung eines Wellness-Wochenendes zwischendurch ist rasch verflogen. Dann bleibt nur die Aussicht auf baldige Wiederholung: Nach dem Urlaub ist vor dem Urlaub.

Oder dieses eigenartig faszinierende Naturschauspiel an der Nordseeküste läßt uns erahnen, daß es eine Kraft gibt, die tatsächlich alles von unserer Seele hinwegheben kann, was schwer auf ihr lastet. Und wie Ebbe und Flut ist diese Kraft unermüdlich am Werke. Sie ist immer da und läßt uns nicht im Stich, Tag für Tag. Christen nennen sie Gott.

Nicht nur hat Gott diese Welt erschaffen und stellt sie uns immer wieder neu vor Augen. In all ihrer Zerbrechlichkeit. Kein Wunder, daß das Wattenmeer vor den Deichen an der Nordsee längst zum schützenswerten Nationalpark aufgestiegen ist. Doch wer mit wachen Augen diese Schönheiten der Natur wahrnimmt, als Gast wie als Einheimischer, bekommt auch ein Gefühl nicht nur für die Schöpfung, sondern auch für den Schöpfer: So ist Gott.

„Barmherzig, geduldig und gnädig ist er", heißt es in einem modernen Kirchenlied von Gott – zu Recht. Denn das erwarten wir von Gott: daß er immer wieder neu mit uns beginnt wie Ebbe und Flut mit dem Meeresboden. Nichts soll in seinen Augen uns ewig drücken. Vieles aus unserem Leben wollen wir lieber heute als morgen loswerden, um wieder neuen Atem zu fassen: Das ist unser fortwährender Wunschtraum. Und wir richten unsere Wünsche an Gott.

Darum ist die Bibel voll von Geschichten, die nichts anderes im Sinn haben als dies: zu zeigen, daß Gott unendliche Geduld hat und immer wieder neu mit uns anfängt. Ob wir gleich auf den ersten Seiten der Bibel im Alten Testament von der Sintflut und dem anschließenden Neubeginn Gottes mit Noah und seiner Familie unter dem Regenbogen als Zeichen seiner Treue zu seinen Geschöpfen lesen oder im Neuen Testament irgendeine der zahlreichen Geschichten von Jesus aufschlagen: Sie alle drehen sich um diese unverwechselbare Frohe Botschaft: Gott läßt nicht locker. Er formt auch unser

Leben immer wieder neu und nimmt dabei alle Dellen, alle Ecken und Kanten, fort. Komme, was wolle.

In der Bibel zu lesen ist dann wie ein Stück Urlaub oder wie ein morgendlicher Spaziergang am Strand an der Nordseeküste: Alles wird neu. Das Leben startet noch einmal durch. Wieder und wieder.

(2013)

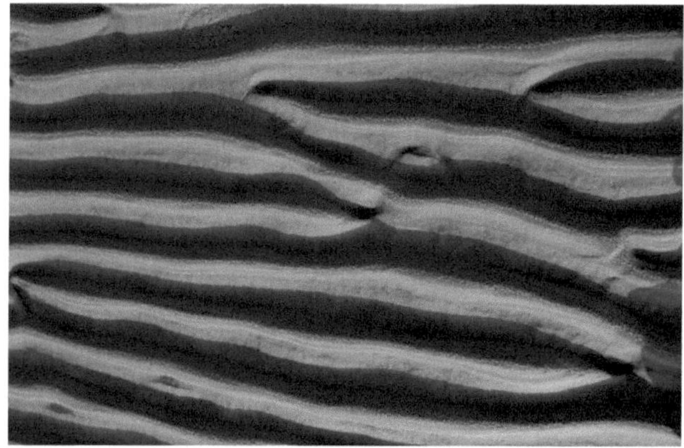

Was man auf den Bergen sieht

Es war alles noch da. Schroff aufragend und zumeist mit einem weithin sichtbaren hölzernen Kreuz auf den Gipfeln empfing mich der Gebirgszug der Hohen Tauern, als ich nach Kärnten gereist bin, um dort wie schon seit Jahren eine Zeitlang im Sommer als evangelischer Urlauberseelsorger in mehreren Bergdörfern für deren Gäste da zu sein. Alles war wie immer. Doch schien mir nichts mehr selbstverständlich an jener Sommeridylle im Hochgebirge, seitdem genau ein Jahr zuvor in Österreich aus heiterem Himmel ein bizarrer Kulturkampf um die Berge und vor allem um die Gipfelkreuze entbrannt war.

Urplötzlich wühlte in jener Zeit ein politischer Skandal die Österreicher und vor allem ihr Fremdenverkehrsgewerbe auf. Im beginnenden Wahlkampf für die damaligen Wahlen zum Nationalrat genannten Bundesparlament stritt man sich tagelang über eine Nachricht, die schier unglaublich klang. Einem Wiener Abgeordneten war ein brisanter Brief zugespielt worden, in dem ein Parlamentskollege muslimischen Glaubens den österreichischen Alpenverein dazu aufgefordert haben soll, dafür zu sorgen, daß die Kreuze auf den Berggipfeln entfernt werden. Schließlich fühle sich der Briefschreiber als Muslim bei seinen Bergwanderungen durch diese christlichen Symbole beleidigt. Mehr noch: Man möge wenigstens einige von ihnen durch den Halbmond des Islam ersetzen.

Über Nacht waren in Österreich die vertrauten Gipfelkreuze zum Thema der großen Politik geworden. Nicht nur Politiker aller Parteien sahen sich durch diese ebenso maßlose wie unsinnige Forderung provoziert. Das christliche Abendland schien in Gefahr, und so machte man Stimmung gegen die muslimische Minderheit in dem Alpenstaat. Beinahe hätte die öffentliche Diskussion darüber die Gemüter noch mehr erhitzt als die erfolgreiche Flucht einer achtzehnjährigen jungen Frau nach der Tortur einer acht Jahre dauernden Entführung zur selben Zeit.

Schon wenige Tage später flog das ganze als provokanter Ulk auf. Denn eine Studenteninitiative bekannte sich dazu, diesen fingierten Brief in Umlauf gebracht zu haben, um die politische Stimmung im Lande zu testen. Und das war ihr gelungen: Statt erst einmal den Wahrheitsgehalt solch einer Nachricht und den Brief auf seine Echtheit zu prüfen, fürchtete man umgehend allen Ernstes, daß nun die Gipfelkreuze auf den heimischen Bergen tatsächlich verschwinden müßten. Eine liebgewordene Tradition wäre für immer aus der Welt geschafft im Alpenstaat Österreich. Doch das ganze Land war einer Eulenspiegelei aufgesessen, die man schnell wieder vergessen machen wollte.

Auch ein Jahr später waren sie alle noch da, die Kreuze auf den Gipfeln der Hohen Tauern. Bürger aus den Dörfern im Tal haben sie vor Jahren oder Jahrzehnten ehrenamtlich in zugiger Höhe errichtet und so manches Mal auch wieder erneuert, wenn nicht politischer Wille, sondern Wind und Wetter sie beschädigt oder gleich ganz weggerissen haben.

Wer bei einer Bergtour am Gipfel angekommen ist und die herrliche Aussicht genießt, der mag sich dort oben Gott vielleicht ein Stückchen näher fühlen. Das Wahrzeichen dafür ist für Christen das Kreuz Christi, das schließlich auch auf einer Anhöhe vor den Toren von Jerusalem aufgerichtet war, dem Richthügel Golgatha.

Doch ob sich bei einer Bergwanderung in den Alpen religiöse Gedanken und Gefühle einstellen oder nicht: Gelassenheit im Umgang mit den Kreuzen am Gipfel ist angesagt. Denn in erster Linie dienen sie der Orientierung im Gelände.

Ebenso gelassen sollten wir uns aber auch Muslimen gegenüber zeigen. Nicht immer neigen sie gleich zu überzogenen Forderungen an uns Christen, wie das österreichische Lehrstück, eine gezielte Herausforderung in der nachrichtenarmen Zeit eines jeden Sommers, gezeigt hat.

(2007)

Wenn der Durst kommt

„Bestimmt hast du so einen schon mal verschluckt - natürlich ohne es zu wissen!" Die Mitarbeiterin der Nationalparkverwaltung lächelt. Unter dem Mikroskop zeigt sie meinem Sohn einen winzigen, quirligen Wasserfloh. Gerade hat sie ihn mit einer Pipette in einem Tropfen Wasser aus einem Aquarium geholt. Nur wenige Millimeter ist er groß, mit bloßen Augen kaum zu erkennen. Leicht verlegen lächelt mein Sohn zurück. Sechs Jahre war er damals alt und wie jedes Kind in dem Alter leicht zu begeistern.

Wir besuchten gerade das Nationalparkzentrum BIOS (zu deutsch „Leben") in Mallnitz in den Hohen Tauern in Österreich. Dort am Südrand der Alpen verbrachten wir wieder unseren Urlaub. Anschaulich erfahren in dieser modernen Bildungseinrichtung vor allem Kinder viel über das Leben von Tieren und Pflanzen im Hochgebirge. Dieser winzig kleine Krebs kommt in allen Gebirgsbächen vor, so erzählt die Mitarbeiterin uns. „Und du hast doch bei einer Bergtour schon mal aus einer Quelle getrunken, oder?", fragt sie meinen Sohn. Der nickt, doch der Zweifel, ob das wohl schädlich gewesen sein könnte, steht ihm noch ins Gesicht geschrieben. Diese Befürchtung nimmt ihm die Mitarbeiterin des Nationalparkzentrums im Handumdrehen. „Alles halb so schlimm", beruhigt sie ihn.

Als hätte sie es gewußt: Brunnen und Quellen sind seine große Leidenschaft. Bei jeder Bergtour, bei jedem Spaziergang durch ein Dorf oder eine kleine Stadt fragte mein Sohn im Urlaub wieder, ob wir wohl auch an einen Brunnen kämen. Oder an eine Quelle hoch oben auf den Almwiesen. In der großen Hitze ließ ihn die Aussicht auf Wasser tapfer mit uns weiter wandern, obwohl er eigentlich keine Lust mehr hatte oder schon müde war.

Das kühle Naß in einem Brunnen am Wegesrand weckt die Lebensgeister neu, wenn wir zur Abkühlung die Arme hineintauchen oder uns etwas

Wasser ins Gesicht spritzen. Aber jedes Mal fragt mein Sohn nach: „Kann man das Wasser auch trinken?" Sogleich möchte er einen Schluck probieren – warum auch nicht? „Köstlich", lobt er dann und strahlt über das ganze Gesicht.

Durstig schöpft er bei Gelegenheit auch Wasser mit der hohlen Hand aus einer Quelle am Berg. Wer weiß, vielleicht hat er auf diese Weise wirklich schon mal einen Wasserfloh verschluckt. Oder ein paar Sandkörnchen. Keinem Wanderer im Hochgebirge kommen Zweifel dabei, daß das gesundheitsschädlich sein könnte. Bei so mancher ausgedehnten Klettertour in früheren Jahren war ich ebenfalls froh gewesen, meinen Durst mit Quellwasser zu löschen. Denn meine gut gefüllte Trinkflasche im Rucksack hatte ich längst geleert. Ein harmloses Vergnügen, das immer ohne Folgen blieb. Und das Wasser aus einer Quelle oder einem Gebirgsbach schmeckt wirklich gut.

Sauberes Wasser aus einem Bächlein am Berg oder aus einem Brunnen zu trinken: Warum sollte man Kindern diese Erfahrung verwehren, wie gut das in der freien Natur schmecken kann und erfrischt? Den schonenden, rücksichtsvollen Umgang mit einer zunehmend wieder intakten Natur zu vermitteln, das hat sich ja auch das Nationalparkzentrum BIOS in den Hohen Tauern zum Ziel gesetzt, gerade im Blick auf Kinder und Jugendliche. Und die schreiben reihenweise ihren Dank und ihre lobenden Worte auf kleine Karten, die man am Eingang gut sichtbar auf eine Pinwand heften kann: „Tolle Ausstellung – Wir durften alles anfassen und haben viel gelernt."

Doch für wie viele Kinder bleibt diese Erfahrung ein Leben lang unerreichbar? Sauberes Trinkwasser, wie es hierzulande aus jeder Leitung im Hause fließt oder eben auch draußen in der Natur zu finden ist, kennen Kinder wie auch Erwachsene in ärmeren Ländern der südlichen Erdhalbkugel überhaupt nicht. Darum quält sie oftmals nicht nur der dauernde Durst, auch Krankheiten schränken ihr Leben fortwährend ein. Jeder hat die schrecklichen Bilder aus der Dritten Welt vor Augen: Menschen mit aufgeblähten Bäuchen, hungrig und durstig und von zahllosen Fliegen umschwärmt wie bei uns höchstens die Kühe auf der Weide.

Aus der kleinen Lehrstunde am Mikroskop im Nationalparkzentrum der Kärntner Hohen Tauern an unserem Urlaubsort nehme ich eines mit: Tagein, tagaus über sauberes Wasser zu verfügen und es gefahrlos auch mal in der freien Natur trinken zu können - welch ein Geschenk ist das. Mit dem Wasser schenkt Gott uns alles, was wir zum Leben brauchen. Dafür dankbar zu sein und dies der nachfolgenden Generation vermitteln zu können - auch das gehört für mich jedes Mal zum Urlaub im Hochgebirge dazu. Und nicht nur meine Kinder freuen sich dran.

Wer mit solchen Eindrücken und Erfahrungen aus den Ferien heimkehrt, der kann dann vielleicht auch gut nachfühlen, was ein Psalmbeter vor weit über zwei Jahrtausenden ausgesprochen hat: „Wie der Hirsch lechzt nach frischem Wasser, so schreit meine Seele, Gott, zu dir. Meine Seele dürstet nach Gott, nach dem lebendigen Gott." (Psalm 42, 2-3) Und er erhört unser Gebet.

(2010)

Wat dem einen sien Uhl ...

Kindliche Wißbegier ist etwas Wunderbares, aber manchmal strengt sie mich auch an. Wie im Urlaub in Österreich.

Seit einiger Zeit hat unser Sohn ein neues Hobby entdeckt: das Besichtigen von Kirchen. Immer wieder drängte er darauf, möglichst viele Gotteshäuser in unserem Urlaubsgebiet nicht nur eines raschen Blickes im Vorbeifahren zu würdigen. Jedes Mal ließ er mich anhalten, damit wir hineingingen, um ihre Pracht gebührend zu bestaunen.

Entschlossen schreitet der Vierjährige dann durch den Kirchenraum und überzieht mich mit seinen Fragen. Alles, was er sieht, läßt er sich genau erklären. Und er stellt Vergleiche an mit den Kirchen, die er von zuhause kennt.

Dabei geht er ganz pragmatisch vor: Kirchen, die man besichtigen kann und in denen manchmal sogar Gläubige zu einem stillen Gebet in der Bank sitzen, sind katholisch – wie die allermeisten in Österreich. Wo hingegen die Kirchentür verschlossen ist, muß es sich - selten genug - um eine evangelische Kirche handeln. Doch eine Ausnahme hat er im Urlaub auch gefunden. Die evangelisch-lutherische Kirche in der Stadt Spittal am Millstätter See steht im Sommer tagsüber Besuchern offen.

Eines ist meinem Sohn aber viel wichtiger als zu probieren, ob sich die schweren Kirchentüren mit einem entschlossenen Druck auf die Klinke wohl auch öffnen lassen. Vor einer Kirche stehend, richtet er seinen Blick stets zuerst nach oben: Hat sie einen Turm mit einer großen Uhr daran? Vor allem: Hängen darin auch Glocken?

Den Kopf in den Nacken gelegt, ist er jedes Mal stolz, auf dem großen Zifferblatt die Uhrzeit abzulesen. Aber mehr noch hat es ihm die Vorstellung angetan, daß ganz oben hinter den Schalluken wie in jedem Kirchturm die Glocken hängen.

„Sind die auch laut?“, fragt er mich. „Na klar“, lautet die Antwort. Nachfrage: „So laut, daß alle sie hören können?“ „Wart´s nur ab“, beruhige ich ihn, „bis sie wieder zu einem Gottesdienst läuten“. Aufmerksam hört er zu, wenn am Sonntagmorgen an unserem Urlaubsort das volle Geläut der katholischen Kirche zur Messe einlädt. Derweil steht für meine Gottesdienste, die ich im Sommer dort als evangelischer Urlauberseelsorger mit den Gästen feiere, keine eigene Kirche zur Verfügung. Dank der ökumenischen Gastfreundschaft der katholischen Pfarrgemeinde versammeln wir uns in deren Gemeindehaus - auch ohne Glockengeläut. Doch das ist nicht entscheidend.

Kein Wunder, daß mein Sohn in Villach die Gelegenheit genutzt hat, mit mir auf die frei zugängliche Galerie des Glockenturms der Stadtpfarrkirche zu steigen, nicht nur der Aussicht auf die nahen Karawanken und die Julischen Alpen wegen. Schließlich ist dies der höchste Kirchturm in Kärnten. Über endlos viele Treppenstufen hinauf passierten wir dabei auch die Glockenstube. Gleich sechs schwere Glocken aus nächster Nähe betrachten zu können und sich vorzustellen, wie laut ihr Geläut sei - ein Traum für unseren kleinen Glocken-Fan.

Wieder zuhause, stoße ich in der Tageszeitung auf eine seltsame kleine Meldung: In Italien hat eine Frau vor Gericht erfolgreich eine Kirchengemeinde auf Schadenersatz verklagt, weil das Geläut von deren nahegelegener Kirche jahrzehntelang ihr Leben beeinträchtigt und schließlich ruiniert habe. Das sahen die Richter auch so und sprachen der Klägerin eine erkleckliche Summe zu.

„Wat dem einen sien Uhl, is dem annern sien Nachtigall“, sagte meine Großmutter auf Plattdeutsch zu solchen oder ähnlichen Kapriolen. Und meinem Sohn habe ich von der morgendlichen Zeitungslektüre lieber nichts erzählt.

(2008)

Urlaubskirchen

„Gott macht keinen Urlaub" - so überschrieb die Hamburger Wochenzeitung „DIE ZEIT" am 18. August 2011 einen ganzen Reigen von Urlaubserlebnissen ihrer Redakteure. Geschichten von den Kanarischen Inseln im Atlantik vor Afrika bis nach Israel, von den norwegischen Fjorden bis zur griechischen Insel Kreta. Eines hatten sie gemeinsam: Immer standen Kirchen und Gottesdienste im Mittelpunkt. „Im Sommer werden auch Kirchenmuffel zu begeisterten Religionstouristen", lautete der Untertitel. Sieben von ihnen, allesamt sonst mit der politischen Berichterstattung für die Leser ihrer Zeitung beschäftigt, erzählten von ihren Erlebnissen mit ihren ganz persönlichen Ferienkirchen.

Das Phänomen ist ja nicht unbedingt neu: Auf Reisen zieht es uns immer wieder mal in eine Kirche. Die Gründe mögen ganz unterschiedlich sein. Manch einem Touristen verspricht der Reiseführer in seiner Hand ein kunstgeschichtlich bedeutendes Altarbild, wieder andere genießen einfach nur die Kühle hinter den dicken Mauern eines Gotteshauses, wenn draußen die Mittagssonne für sengende Hitze sorgt.

Viel ist darüber geschrieben worden, nicht nur in Zeitungen, warum wir ausgerechnet im Urlaub empfänglich werden für Fragen des Glaubens und für die Schönheit so mancher Kirche in unserer Ferienregion. Vor allem ist es der Ausbruch aus der täglichen Routine. Zuhause bestimmt das Arbeitsleben unseren Tagesablauf, dazu die Familie. Da bleibt oftmals wenig Zeit für Glaube und Kirche. Wenn die Ferienzeit näher rückt, ächzen wir umso mehr unter all den Anforderungen, die uns tagein, tagaus auf Trab halten. Wir sehnen uns nach Abwechslung. Dafür ist der Urlaub da.

Im Urlaub fällt der ganze Stress von uns ab. So soll es sein. Einmal rauskommen aus dem gewohnten Trott und etwas sehen von der großen, weiten Welt - so wünschen wir uns das. Doch in den schönsten Wochen des Jahres spüren wir rasch, was sich schlagartig ändert fern der Heimat: Nun wollen die Tage gestaltet sein. Nichts ist mehr vorgegeben wie zuhause. Statt dessen hat jeder Reisende seine ganz eigenen Pläne und Wünsche, wie die Ferien zu nutzen sind. Unterschiedliche Interessen gilt es zu berücksichtigen, damit niemand zu kurz kommt und es keinem die gute Stimmung verhagelt. Die Urlaubswochen sind kostbare Zeit - und begrenzt obendrein.

So entpuppt sich der Urlaub als Ebenbild unseres ganzen Lebens: ein ungeheuer wertvolles Geschenk, das uns zuteil wird und das wir nutzen dürfen. Aber nicht von ewiger Dauer. Die Zeit ist knapp. Und was kommt danach?

Im Urlaub fühlen wir uns endlich frei - und sind doch zugleich auf uns selbst zurückgeworfen. In diesem Lebensgefühl, lange herbeigesehnt, spiegelt sich die Frage nach Gott. Wie gehe ich mit meiner Zeit um - und mit deren Grenzen? Und wer hilft mir, damit klarzukommen, wenn Enttäuschungen nicht ausbleiben?

Kein Wunder, wenn selbst Kirchenmuffel im Urlaub dem lieben Gott mal wieder einen Besuch abstatten. Alles wirkt so vertraut, auch noch in einer Kirche weit weg von zuhause. Selbst wenn wir als Touristen am Sonntagmorgen in einen Gottesdienst hineinplatzen, der in einer fremden Sprache gefeiert wird. Denn ob an der portugiesischen Algarveküste oder auf einer griechischen Insel: Immer sitzen da Menschen in den Kirchenbänken, denen es genauso geht wie uns Urlaubern. Auch sie sind auf der Suche nach dem, was unserem Leben Halt gibt in den Umbrüchen der vergehenden Zeit. Darum ist hier jeder willkommen - auch so eine Erfahrung mit dem gemeinsamen Haus namens Europa. So schreibt die Journalistin Evelyn Finger in ihrem Text für die „ZEIT“: „Immer hatte ich das Gefühl, daß auch die anderen Urlauber hier insgeheim etwas Echteres suchten als Engelsbilder

[...] vielleicht nicht gleich Erleuchtung und Erlösung, aber das, was man altmodisch Seelenfrieden nennt. Diesen Frieden gibt es gratis" in vielerlei Gotteshäusern an jedem Urlaubsort. „Vielleicht ist unsere Sehnsucht, Gott beziehungsweise die Welt zu verstehen, ja der wahre Grund für den Ferienkirchentourismus", gibt sie aus eigener Erfahrung zu bedenken.

Unsere Ferienkirchen sind die vielen Kirchen und Kapellen ganz im Süden von Österreich - dort wo sich die deutschsprachige Kunst und Kultur mit der italienischen und der slawischen mischt. So manche Kirche zeugt davon. Und wenn manchmal über ihr nach einem Sommerregen auch noch ein Regenbogen aufgeht, dann dürfen wir gewiß sein wie die Menschen nach der Sintflut (1. Mose 9, 12-17): Gott wacht auch weiterhin über seiner guten Schöpfung und gibt unserem Leben Sinn und Ziel. Damit wir uns glücklich und zufrieden fühlen dürfen - zuhause ebenso wie auf Reisen.

(2012)

Das Ergebnis stimmt

„Warum machen Sie das?“ Die Frage bekundet Interesse. Auf ihr Tun angesprochen, sollen prominente Persönlichkeiten im Magazin einer großen Wochenzeitung daraufhin etwas von ihren Lebensansichten preisgeben. Im Urlaub in Kärnten diente mir diese Frage einmal dazu, mit einem Bergbauern ins Gespräch zu kommen: Warum machen Sie das?

Denn bei einer Almwanderung im dortigen Nationalpark Nockberge konnte ich noch erleben, auf welch altertümliche Weise die Bauern dort in früheren Zeiten das Heu für ihr Vieh geerntet haben. Tage zuvor hatten wir auf Drängen meines Sohnes unten im Drautal ein Handwerksmuseum besucht. Auch allerlei bäuerliche Techniken gab es da zu sehen. Wie mühsam die Heuernte war, als man moderne Maschinen noch nicht kannte, zeigte uns das Modell einer Bergwiese in einem liebevoll gestalteten Schaukasten.

Doch nun lag sonnenüberflutet eine frisch gemähte Alm vor unseren Augen, und wir staunten nicht schlecht. Die Bauern hatten das Gras noch von Hand geschnitten und zum Trocknen bündelweise auf hölzerne Ständer gesteckt. In Reih und Glied aufgestellt, zogen sich diese sogenannten Schwedenreiter den Hang hinauf. Mühsame Arbeit muß das gewesen sein. Mittlerweile ein seltener Anblick auch in den Bergen.

Tags darauf hatte ich die Gelegenheit, einen Bauern nach dem zu fragen, was wir oben auf der Alm gesehen hatten: „Warum machen Sie das? Lohnt sich die Mühe heute noch?“ Seine Antwort ließ mich erst recht erstaunen: „Das Ergebnis stimmt.“ Und dann erzählte er davon, warum manche Bauern diese schwere Handarbeit bis heute auf sich nehmen.

Natürlich lassen sich besonders steile Hänge mit Traktoren einfach nicht bearbeiten. Das leuchtet jedem ein. Doch hinzu kommt noch etwas: Das so gewonnene Heu sei ungleich besser als das maschinell geerntete, ist mein

Gesprächspartner überzeugt. Es könne gleichmäßiger trocknen und überstehe dabei auf seinen Ständern auch mal einen sommerlichen Gewitterregen. Hingegen müsse das zu Ballen gepreßte Heu beim Einlagern oftmals kostspielig nachgetrocknet werden. Kurz: Das liebe Vieh danke später den Bauern die harte Arbeit für solches Futter. Das Ergebnis stimmt.

Geht es uns mit dem Glauben nicht ganz ähnlich? Wer heute noch an seinem Glauben festhält, erscheint oftmals auch als aus der Zeit gefallen. Rückwärtsgewandt und unbelehrbar. Ein Leben im Vertrauen auf Gott, das sei etwas für Menschen, die nicht mitbekommen haben, wie die Zeit längst darüber hinweggegangen ist. So ist immer wieder zu hören, nicht nur in den halbgebildeten Debatten darüber, ob es so etwas wie ein Religions-Gen gebe und Menschen darum gezwungenermaßen immer noch an ihrem Glauben hängen - weil sie gar nicht anders könnten. Warum machen sie das?

Weil das Ergebnis stimmt. Ich bin sicher: Mein Vertrauen zu Gott - das ist wie solch ein frisches Heubündel auf einem Ständer an einem steilen Hang. Auch der christliche Glaube ist Wind und Wetter ausgesetzt, auch er muß langsam reifen. Aber am Ende erweist er sich als robuster als so mancher moderne Religionsersatz wie zuletzt der Glaube an das schnelle Geld für jedermann bei immer riskanteren Geschäften an den weltweiten Finanzmärkten. Was auf den ersten Blick altertümlich erscheinen mag, hat auch dem 21. Jahrhundert noch eine Menge zu bieten. Und das lohnt jede Mühe.

(2008)

Nur umgezogen

Dreimal umgezogen ist wie einmal abgebrannt. Ginge es nach dieser schlichten Volksweisheit, dann hätte ich - alles zusammengerechnet - mein Hab und Gut im Leben bereits mehrfach komplett verloren. Und dazu hätte auch der jüngste Umzug in den vergangenen Wochen beigetragen.

Wer umzieht, der bricht auf ins Ungewisse. Auch wenn das Ziel solch eines Aufbruchs bekannt ist, der neue Wohnort und oft zudem die neue Arbeitsstätte: Es bleibt ein Wagnis; Rückkehr ausgeschlossen. Das Alte und Vertraute weicht hinter mir zurück; Neues muß erst noch werden.

Im Sommer 2013 bin ich mit meiner Familie umgezogen, nur einmal quer durch den Landkreis Aurich in Ostfriesland. Nach gut dreizehn Jahren als Pastor in der Kirchengemeinde Ostgroßefehn wartete nun eine neue Aufgabe in Großheide auf mich. Noch habe ich das wohlgemeinte Wortspiel im Ohr, das mir eine Kirchenvorsteherin, eine gute Freundin, zum Abschied mitgegeben hatte: „Wer aus der Lüneburger Heide stammt wie du, der landet in Ostfriesland früher oder später in Großheide." Ob es mir den Rücken stärkt, wenn alles wieder von vorn beginnt?

Gleich am Morgen nach unserer nächtlichen Rückkehr aus dem Urlaub stehen die Männer von der Möbelspedition vor der Tür. So war es abgemacht; denn es gilt, den Rest der Sommerferien zu nutzen. Wenn das nächste Schuljahr beginnt, wohnen wir bereits anderswo. Das ist jetzt die Aufgabe, also gibt es keine Zeit zu verlieren. Im Nu stehen die ersten Möbel vor der Tür und werden verladen. Kiste um Kiste füllt sich mit unserem Hausrat. Unser ganzes Leben verschwindet vor meinen Augen in Umzugskartons. Unweigerlich steigen Ängste in mir auf: Werde ich auch alles wiederfinden, wenn wir die zahllosen Kisten in der neuen Wohnung öffnen und ausräumen? Und wie lange mag das dauern?

In diesen Tagen habe ich das Gefühl, mein Leben entgleitet mir: totaler Kontrollverlust. Plötzlich bin ich nicht mehr Herr meiner selbst. Jetzt lebe ich aus dem Koffer. Hinzu kommt noch etwas: Vorübergehend bin ich nur noch schwer erreichbar. Ich habe keinen Internet- und keinen Telefonanschluß mehr. Das Handy bekommt auf einmal eine Rolle in meinem Leben, die es bisher nie gespielt hat. Denn nun wird es fortwährend wirklich gebraucht. Doch haben auch alle Freunde und Verwandten meine Nummer?

Wer umzieht, der lernt sich selbst noch einmal ganz neu kennen. Die eigenen Ängste und Hoffnungen. Und das Selbstvertrauen, so angekratzt es auch sein mag in diesen Tagen und Wochen. Doch dazu gehört auch das Vertrauen zu den Menschen, durch deren Hände gerade unser gesamter Hausrat gegangen ist. Erstaunlich: Daran hat es nie gemangelt. So habe ich das als großes Geschenk Gottes an mich erfahren in dieser Zeit: Menschen vertrauen zu können, auf die ich angewiesen bin. Doch der tragende Grund bei alledem ist und bleibt das Vertrauen in Gott selber, der uns begleitet auf allen unseren Wegen - und so auch auf diesem von einem Wohn- und Arbeitsort zum anderen. Wie gut, daß in den alttestamentlichen Psalmen oft vom grundlegenden Vertrauen zu Gott die Rede ist: „Herr, auf dich traue ich, laß mich nimmermehr zuschanden werden.“ (Ps 31,2). Worte, die mir gerade noch einmal ganz neu aus dem Herzen sprechen.

Aus den Kisten ist alles wieder zum Vorschein gekommen. Der gesamte Hausrat ist wieder da. Das Einräumen zieht sich noch ein bischen in die Länge. Aber das Leben geht weiter - am neuen Wohnort, im neuen Arbeitsumfeld. Auch das ist eine gute Gabe Gottes.

(2013)

Sehnsuchtsorte, weithin sichtbar

Allmählich verebbt der Straßenlärm. Ruhe kehrt ein. Hier oben kommt wenig an von dem, was sich unten auf dem Münsterplatz abspielt.

Es ist der 1. Mai. Unter fachkundiger Anleitung einer Pastorin haben mein fünfjähriger Sohn und ich gerade das Ulmer Münster besichtigt, eine im Spätmittelalter von den Bürgern der damals Freien Reichsstadt Ulm erbaute fünfschiffige Kirche von riesigen Ausmaßen. Jetzt steigen wir die 768 Stufen hinauf bis in die Spitze des höchsten Kirchturms der Welt. Auf dem zentralen Platz rund ums Münster findet die politische Mai-Kundgebung zum Tag der Arbeit statt, aber davon bekommen wir kaum noch etwas mit beim fast endlosen Treppensteigen. Auf der Galerie in gut 150 Metern Höhe weht uns ein frischer Wind um die Nase, und der Blick schweift weit über die Altstadt an der Donau hinaus nach Süden ins Allgäu und zum Bodensee. Ganz klein kommen uns die Menschenmassen direkt unter uns vor. Von ihrem bunten Treiben hören wir fast nichts mehr. Unwillkürlich fühlt man sich Gott ein Stückchen näher.

Abends zuvor waren wir in Ulm angekommen. Mein Sohn war schon ganz ungeduldig am Ende der langen Autofahrt: „Wann sind wir endlich da?“ Schnurgerade zieht sich die Autobahn von der Schwäbischen Alb herab in Richtung Süden. Irgendwann taucht sie am Horizont auf, die Turmspitze des Ulmer Münsters. Jetzt ist der Fünfjährige zufrieden, denn unser Reiseziel ist greifbar nahe. Ein paar Tage sind wir zu Gast bei Freunden in Ulm.

Später am Abend erzählen sie uns, daß sie sich am Ende einer jeden Reise darauf freuen, das Münster wieder vor Augen zu haben. Schon der Anblick des Turms aus der Ferne schaffe ein Gefühl von Geborgenheit. Und diese überwältigende Kirche ist bis heute das erste, was der Reisende zu sehen bekommt, wenn er sich der Stadt nähert.

Was ist es, das Menschen sich mit solchen Kirchengebäuden in ganz besonderem Maße identifizieren läßt? Selbst da noch, wo das Christentum keine große Rolle mehr spielt wie in den ostdeutschen Bundesländern? Vielleicht treibt sie die Hoffnung auf Beständigkeit an, auf etwas Verläßliches in einer Welt, die sich pausenlos wandelt - nicht immer zum Besseren.

Kirchen wie das Ulmer Münster erzählen viel vom stolzen Bürgergeist, der keine Kosten und Mühen scheute, sich einen Ort zu schaffen, an dem jeder zu Gott beten und ihm die Ehre geben kann. In der Kirche finden doppelt so viele Menschen Platz, wie Ulm zur Zeit der Erbauung des Münsters Einwohner hatte. Auch an Gäste und Durchreisende war von vornherein gedacht. Bis heute ist das Münster ein einladendes, gastfreies Gotteshaus mitten in der Stadt.

Und ein unübersehbares dazu. Aus allen Richtungen zieht es die Blicke auf sich. So vermittelt es tatsächlich Geborgenheit, ein grundlegendes Vertrauen ins Leben, zu dem auch unser Glaube maßgeblich beiträgt. Bei allem Wandel der Zeiten bleibt uns der Glaube doch erhalten. Solche Kirchen führen uns das vor Augen: Gott läßt sich nicht aus der Welt herausdrängen. Weniger eindrucksvolle Gotteshäuser mögen anderswo ungenutzt einem ungewissen Schicksal entgegendämmern oder bereits zu Kinos oder Gaststätten umgebaut sein - die Sehnsucht bleibt. Die Sehnsucht danach, immer wieder solche Orte des Glaubens zu finden, an denen wir Gott ganz nahe kommen. In der Ferne auf Reisen oder zuhause am Heimatort.

(2009)

Flüchtiger Blick auf den Dom

Sonntagabend – Krimizeit im Fernsehen. Auftritt der Kommissare Freddie Schenk und Max Ballauf. Im „Tatort" des WDR ermitteln sie wie immer mißmutig frotzelnd in Köln. Wenig erfolgreich sind sie dabei. Irgendwann schlägt Schenk vor: „Max, laß uns zu unserer Bude am Rhein fahren, ´n bischen frische Luft schnappen - und der Blick auf den Dom ..." Gleich darauf sieht man sie an ihrer angestammten Pommesbude auf der anderen Rheinseite stehen, jeder ein Kölsch vor sich auf dem Stehtisch. Versonnen schauen sie hinüber auf den Kölner Dom. Längst ist es dunkel geworden. Die riesige gotische Kathedrale leuchtet über den Fluß, von kräftigen Strahlern ins rechte Licht gesetzt.

Nur eine kleine Szene, unscheinbar, aber nicht unbedeutend. Keine Krimifolge des „Tatort" mit den beiden Kommissaren kommt ohne sie aus. Alles nur Kölner Lokalkolorit mit einem Schuß rheinisch-katholischer Sentimentalität?

Das abendliche Bier am Rhein ist Kult im Kölner „Tatort". Aber ebenso der Blick hinüber zum Dom. Dahinter steckt mehr als nur ein schrulliger Einfall des Drehbuchschreibers. Wenn Schenk und Ballauf mit ihrem Latein fast schon am Ende sind; wenn ihnen einstweilen nichts weiter einfällt als sich ein Kölsch zum Feierabend zu gönnen, dann darf die Aussicht auf den Dom dabei nicht fehlen.

Nicht daß die beiden Kommissare sich auf einmal besonders religiös geben. Das wäre des Guten zuviel für den Fernsehzuschauer. Angenehm unterhalten will er sein am Sonntagabend und nicht christlich vereinnahmt. Dennoch: Dieses abendliche Ritual am rechten Kölner Rheinufer hat viel mit unserer Einstellung zum Christentum zu tun. Religion aus der Halbdistanz vermittelt es uns, als ebenso kurze wie unverzichtbare Unterbrechung des

Alltags der Kommissare auf Verbrecherjagd. Nur einen Moment lang. Das denn doch.

Nie würden wir Freddie Schenk und Max Ballauf auf einer Kirchenbank mitten im Kölner Dom sitzen sehen, tief versunken im Gebet. Ihnen genügt allein schon der Blick aus der Ferne von der anderen Rheinseite auf das riesige Gotteshaus.

So wie die beiden Fernseh-Kommissare erleben wir ganz überwiegend den christlichen Glauben - aus der Beobachterperspektive. Man muß nicht unbedingt mitmachen bei dem, was da vor sich geht in den Kirchen. Aber zu wissen, daß der Glaube jedenfalls noch da ist wie die zumeist altehrwürdigen Gotteshäuser mitten in unseren Städten und Dörfern, das allein läßt uns schon aufatmen. Auch wenn nur manchmal noch unser Blick gedankenverloren zu ihnen hinüber wandert, heften wir doch unsere Hoffnungen daran.

Unverzichtbar erscheint der Glaube als Möglichkeit und als Versprechen, daß unser Leben nicht in dem aufgeht, was wir daraus machen oder was uns mißlingt. „Laß uns zu unserer Bude am Rhein fahren, ´n bischen frische Luft schnappen - und der Blick auf den Dom ...“: Ist das nur der Stoßseufzer eines an sich selbst zweifelnden Fernseh-Kommissars?

Genauso erfahre ich meinen Glauben immer wieder neu als diese Möglichkeit, die das Leben jederzeit bereit hält: wieder mal sehnsüchtig hinüberzuschauen und den Ausblick zu wagen auf eine andere Welt, in der Gott unserem täglichen Existenzkampf mit all seiner untergründigen Gewalt und Unbarmherzigkeit Einhalt gebietet. Und ich bin überzeugt: Nicht einmal der flüchtige Blick bleibt dann folgenlos in meinem Leben - wie bei der kriminalistischen Arbeit der beiden Kölner Kommissare. Am Schluß ist sie nach neunzig Minuten natürlich doch von Erfolg gekrönt.

(2008)

Überfluß

„Papa, können wir das mitnehmen?“ An der Kühltheke im Supermarkt steht ein kleines Mädchen. In der ausgestreckten Hand hält es eine Packung Bockwürstchen in die Höhe. Erwartungsvoll schaut es seinen Vater an, der neben mir gerade das Angebot mustert. „Zu teuer“, herrscht er seine Tochter an und reißt ihr die Würstchen aus der Hand. Im hohen Bogen fliegen sie zurück in die Kühlung und landen beim Heringssalat. Dem Mädchen steht die Enttäuschung ins Gesicht geschrieben. Nach einem kurzen Wortgefecht einigen sich die beiden auf günstigeren Aufschnitt.

War es wirklich der Hunger oder doch nur die Verlockung der kindgerecht bunten Verpackung, die das Mädchen zur teuren Bockwurst greifen ließ? Ging es dem Vater tatsächlich darum, auf günstigere Weise für das Abendbrot zu sorgen? Mußte er darum seine Tochter gleich so grob zurechtweisen?

Verärgert und verschämt zugleich schaue ich zur Seite. Mir ist der lautstarke Wutausbruch dieses unbeherrschten Vaters peinlich. Dann sehe ich auf die Lebensmittel, die sich bei mir bereits im Einkaufswagen finden. Ich brauche nicht auf den Preis zu schauen. Uns geht es gut, das hat mir dieser ärgerliche Auftritt wieder gezeigt.

Dennoch bin ich richtig sauer auf diesen Mann. Nicht weil er seinem Kind so vor den Kopf gestoßen hat, aus welchen Gründen auch immer. Sondern weil dieses Mädchen mitansehen mußte, wie achtlos sein Vater mit Lebensmitteln umgeht. Doch ich traue mich nicht, ihn darauf hinzuweisen, daß er die Würstchen wenigstens ordnungsgemäß wieder zurücklegen müßte. Andere Kunden werfen eine Tiefkühlpizza im Zweifel gern schon mal auf den Gemüsestand, wenn sie es sich anders überlegt haben. Dort taut sie dann vor sich hin. Schlimmer geht´s immer.

In meiner früheren Kirchengemeinde Ostgroßefehn schmücken seit einigen Jahren die Kinder von einem Spielkreis die Auferstehungs-Kirche für den Gottesdienst zum Erntedankfest. Einen Vormittag lang haben sie allerlei Gemüse und Früchte aus dem heimischen Garten herbeigeschafft und neben dem Altar eine alte hölzerne Staffelleiter damit dekoriert. Davor ein paar Strohballen mit Äpfeln darauf und Kartoffeln in einer alten geflochtenen Kiepe. Wie gerade erst vom Feld geholt.

Immer am Donnerstagmorgen vor dem Erntedankfest kommt eine kunterbunte und fröhlich tobende Kinderschar morgens in die Kirche, um nach ein paar gemeinsamen Liedern zum Erntedank mit viel Eifer und Freude ans Werk zu gehen. Stolz präsentieren sie mir gegen Mittag das Ergebnis - in einem milden Herbstlicht, das durch die Fenster von Süden in die Kirche fällt. Alles ist wieder perfekt gelungen. Von ihren Erzieherinnen und von mir natürlich tüchtig dafür gelobt, jubeln die Kinder vor Freude. Ehre, wem Ehre gebührt.

So lernen diese Kinder von klein auf spielerisch einen ganz anderen, achtsamen Umgang mit Lebensmitteln. Sie erfahren dabei, wo der Kohlkopf und der Kürbis herkommen und wie man sie verarbeitet. Dazu dient auch das gemeinsame Kochen einmal wöchentlich im Spielkreis.

Doch welchen Wert haben Lebensmittel noch, wenn Kinder mitansehen müssen, wie Erwachsene respektlos damit herumwerfen und sie ohne Not vergammeln lassen? Und was, wenn sie dann womöglich im Fernsehen die Bilder von Kindern in ihrem Alter in Ostafrika sehen, die kurz vor dem Verhungern und Verdursten sind und mit ihren aufgeblähten Bäuchen nur noch erbärmlich wirken - von ihren verzweifelten Eltern ganz zu schweigen? Da fiele es mir schwer, unseren beiden Söhnen zu erklären, warum es für uns jeden Tag ganz selbstverständlich ist, daß wir problemlos satt werden, ob nun mit möglichst billigen oder eher teureren Lebensmitteln, mit Gemüse aus dem eigenen Garten oder aus dem Supermarkt.

„Er gibet Speise reichlich und überall, nach Vaters Weise sättigt er allzumal" (EG 502, 4), heißt es in einem alten Lied zum Erntedankfest. Natürlich fällt es schwer, Gott mit solchen Versen zu loben, wenn man weiß, daß dies eben nicht überall so ist. Für uns Europäer reicht es aber allemal, egal ob die Ernte wieder üppig ausfällt oder eher zu wünschen übrig läßt.

Doch als dieses Lied im Jahr 1644 entstand, herrschten bereits seit 26 Jahren Hunger und Krieg in Deutschland, und es sollte noch weitere vier Jahre dauern, bis der Dreißigjährige Krieg beendet wurde mit dem Friedensschluß von Münster und Osnabrück. Heutzutage jeden Tag nach Lust und Laune speisen zu können, was das Herz begehrt, das ist und bleibt eine gute Gabe Gottes, die uns zum Dank verpflichtet und uns dazu anhält, gegen den Hunger in der Welt anzukämpfen - und sei es nur durch den respektvollen Umgang mit den Lebensmitteln, die wir im Überfluß haben und problemlos teilen könnten. Jetzt auch wieder mit den Flüchtlingen, die auf der Flucht vor den zahllosen Bürgerkriegen zu uns kommen. Sie aufzunehmen und unseren Überfluß mit ihnen zu teilen, macht keinen von uns ärmer.

(2009/2014)

Freude am Leben

Rekordernten bei Spargel und Erdbeeren im Frühling, aber auch trockene Hitze im Juli: eine Achterbahnfahrt für Landwirte. Wie werden ihre Erträge zum Ende des Sommers ausfallen? Wird es wieder reichen?

Die Sommerferien dauern diesmal noch bis Mitte September, und doch gehen wir wieder auf den Erntedanktag zu. Anfang Oktober ist es soweit, und alles ist wie immer. Niemand muß Angst haben, daß künftig das Brot knapp wird, weil weniger Roggen und Weizen geerntet wurden. Die Produktion und Verteilung von Lebensmitteln ist in der Europäischen Union so perfekt organisiert, daß es keinerlei Versorgungsengpässe mehr gibt. Wozu dann noch das Erntedankfest? Geht es dabei im Grunde „nur“ noch um die Existenzgrundlage der Bauern? Wofür wollen wir Gott an diesem Tag danken?

Mir stellt sich beim Erntedanktag an der Schwelle zum Herbst vor allem die Frage danach, worüber ich mich wahrhaft freuen kann im Leben. Hier ist doch wie selbstverständlich für alles gesorgt: Niemand muß hungern oder frieren, wenn die kalte Jahreszeit kommt. Und doch bestimmen neben Lob und Dank auch mancherlei Sorgen die Gottesdienste zum Erntedankfest. Denn nicht allen geht es so gut wie uns in Europa.

Das Bild eines lachenden schwarzen Kindes hat mich darum tief beeindruckt in diesem Sommer. Ich fand es in einem Bildband mit Fotos deutscher Fotografen aus den vergangenen dreißig Jahren. „Freude am Leben“, so ist dieses Bild untertitelt. Irgendwo in Afrika hält sich ein kleiner Junge die Hände an den Mund, weil er lauthals lachen muß. Die pure Lebensfreude spiegelt sich in seinem Gesicht. Dieses Kind kann noch sorglos lachen vor lauter Vergnügen. Uns ist das längst abhanden gekommen?!

Das liegt sicher auch daran, daß zu diesem Sommer ebenso die Schreckensnachricht von dreihundert verschleppten Mädchen in Nigeria gehörte, die jetzt womöglich versklavt oder zwangsverheiratet werden. Und auch wenn uns nicht mehr täglich im Fernsehen Bilder von ausgemergelten afrikanischen Flüchtlingen gezeigt werden, die sich auch weiterhin in klapprigen Booten über das Mittelmeer wenigstens bis nach Lampedusa südlich von Sizilien durchschlagen, um nach Europa zu gelangen - die Flucht vor dem Massenelend hat noch kein Ende. Von der Not in den Kriegsgebieten in Syrien und jetzt auch wieder im Gaza-Streifen ganz zu schweigen.

All diese Menschen erinnern uns daran, daß es mit bloßem Teilen von Gütern und Geld nicht mehr getan ist. Seit Jahrzehnten sind wir es gewohnt, einen Teil von unserem Überfluß als Entwicklungshilfe in die ärmeren Länder unseres Erdballs zu geben. Aber das genügt den Menschen dort nicht mehr. Sie wollen jetzt auch teilhaben an der wirtschaftlichen Macht der westlichen Welt. Sie wollen eine ehrliche Chance.

Darum strömen manche von ihnen nach Europa, in der Hoffnung, hier einen Job zu finden. Den meisten aber würde es schon genügen, wenn sie beispielsweise ihre landwirtschaftlichen Erzeugnisse auch bei uns verkaufen dürften. Aber preisgünstiger Zucker aus Brasilien, billiges Rindfleisch aus Argentinien oder Südafrika und Gemüse aus Kenia sind eine Herausforderung für unsere Bauern. Die weltweite Konkurrenz macht uns Angst, nicht nur im Blick auf die Arbeitsplätze in der Industrie, sondern auch in der Landwirtschaft.

Doch worüber wird sich das schwarze Kind auf dem Foto noch freuen können, wenn es erwachsen geworden ist und für sich selber sorgen muß? Wird es uns dann ebenfalls die Arbeit streitig machen in Europa? Haben dann womöglich wir das Nachsehen?

Lauter Fragen, die auch mich ratlos dastehen lassen am Ende dieses Sommers. Vielleicht bin ja auch ich selber viel zu übersättigt und zu verwöhnt, um noch wie die Beter der Psalmen im Alten Testament mein ganzes Leben wie das Lebensglück aller seiner Geschöpfe Gott ans Herz zu legen im Gebet, komme was wolle. Denn auch im wohlhabenden Europa, auf das sich aller Augen richten als auf das große Vorbild, sind wir angewiesen auf die Hilfe „des Herrn, der Himmel und Erde gemacht hat", wie es im 121. Psalm heißt.

So wollen wir Gott zum Erntedank bitten, daß er auf die Lebensgrundlagen für alle seine Geschöpfe acht gibt, nicht nur bei uns, und daß er uns die Herzen öffnet für die Not anderswo. Damit alle Kinder, wo auch immer, lauthals lachen können vor lauter Freude am Leben. Denn sie sind unsere Zukunft.

(2014)

Hochzeitsvorbereitungen

Wozu ist unser evangelischer Glaube gut? Jedes Jahr im Spätherbst naht der Reformationstag und mit ihm die Frage, was uns heute noch mit den Wittenberger Vorgängen vom 31. Oktober 1517 verbindet. Längst rüstet die Stadt an der Elbe sich für das fünfhundertjährige Jubiläum jenes Tages, als Martin Luther in 95 Thesen gegen die Mißstände in seiner Kirche wetterte. Spätestens wenn im Jahr 2017 die Touristenströme aus aller Welt in Wittenberg einfallen werden, heißt es Farbe bekennen: Wozu brauchen wir den evangelischen Glauben noch?

Ein Brautpaar weiß die Antwort. Heiraten stehe wieder hoch im Kurs, so berichtete im Sommer der österreichische Fernsehsender ORF und zeigte verschiedene Brautleute bei ihren Hochzeitsvorbereitungen. Doch selbst langweilige Fernsehunterhaltung zu später Stunde in der nachrichtenarmen Urlaubszeit vermag noch interessant zu werden.

Denn eines der Brautpaare erzählte davon, wie schwierig es gewesen sei, neben der standesamtlichen Trauung auch einen Hochzeitsgottesdienst zu organisieren. Das sei ihnen wichtig. Doch der Haken dabei: Der zukünftige Ehemann war schon einmal verheiratet. Für die katholische Kirche, der in Österreich noch die allermeisten Menschen angehören, ist der Fall damit klar. Nach ihrem Verständnis ist die Ehe ein Sakrament, und den Segen dafür gibt es nur einmal im Leben, weil sie unauflöslich ist. Pech gehabt.

Das hat die beiden zutiefst getroffen. Die Enttäuschung darüber stand ihnen noch ins Gesicht geschrieben. So wuchs in den jungen Leuten der Entschluß: Wir wechseln die Kirchenzugehörigkeit und werden evangelisch. Rasch fand sich ein evangelischer Pastor, der den beiden einiges vom evangelischen Glauben erzählte und sie daraufhin in seine Gemeinde aufnahm. Nun stand einer kirchlichen Trauung nichts mehr im Wege.

Wozu ist der evangelische Glaube gut? Nur für den kirchlichen Segen auch in Lebenssituationen, die nicht mehr ganz den altvertrauten Normen entsprechen? Die Frischvermählten erzählten auch von der großen Freiheit im Glauben, die sie im Gespräch mit jenem Pastoren verspürt hätten: ein bis dahin nie gekanntes Gefühl, das froh mache, weil nicht mehr kirchliches Regelwerk das Leben einschränke. Der Mensch stehe ganz im Mittelpunkt. Längst ging es den beiden jungen Leuten nicht mehr nur um ihre kirchliche Trauung. Sie rangen um den Glauben, der ihr Leben wahrhaft zu tragen vermag. So dokumentierte es der ORF in seiner Fernsehsendung.

Genauso verhielt es sich in Österreich auch schon vor fünfhundert Jahren. Weit entfernt von Wittenberg, hielt dort bereits kurz nach 1517 die Reformation Einzug. Eine Dorfkirche zu Füßen des Großglockners gibt davon heute noch Zeugnis, obwohl in Österreich der Protestantismus um 1600 von der katholischen Kirche wieder verdrängt wurde und heute nur noch eine untergeordnete Rolle spielt.

Zu Luthers Zeiten hatte man am Südrand der Alpen gerade erst den Gold- und Kupferbergbau als höchst einträgliche Geldquelle entdeckt. Vor fünfhundert Jahren ließ der Bergbau die Leute dort in den Hohen Tauern über Nacht reich werden. Das stärkte ihr Selbstbewußtsein, auch in Fragen des Glaubens. Hart erarbeiteter Wohlstand schafft auch ein Gefühl von Freiheit, und die nahmen sich die Menschen nun auch gegenüber der behäbig und selbstgefällig gewordenen katholischen Kirche heraus. Da kam der religiöse Aufbruch aus Wittenberg gerade recht.

So finden sich in der Kirche von Sagritz am Großglockner heute noch Spuren vom evangelischen Selbstbewußtsein jener Bergleute. Denn man betritt die Kirche durch eine kleine Vorhalle im Kirchturm, die um 1520 mit lauter Decken- und Wandgemälden ausgestattet wurde. Sie zeigen keine mittelalterlichen Heiligendarstellungen mehr, welche den Menschen damals ein vorbildliches und verdienstvolles christliches Leben vor Augen führten. Zu sehen sind vielmehr die Leidensgeschichte von Jesus Christus und dazu genau die Kernsätze aus dem Neuen Testament, die Martin Luther zu der Überzeugung brachten, einzig und allein im unbedingten Vertrauen auf Gott sei die „Freiheit eines Christenmenschen" zu finden. So schrieb er es zu jener Zeit in einer seiner reformatorischen Hauptschriften mit diesem Titel.

Daß diese Zeugnisse evangelischen Selbstbewußtseins in einer längst wieder katholisch gewordenen Dorfkirche über die Zeiten erhalten geblieben sind, mag auch der Ehrfurcht vor den Bibel-Worten geschuldet sein. Denn kein Christ kommt an der Bibel vorbei.

Wie all das mit Leben zu füllen ist, kleidet sich in die unabweisbare Frage: Wozu ist der evangelische Glaube gut - wenige Jahre vor dem Jubiläum der Wittenberger Reformation? Alljährlich am 31. Oktober in Gottesdiensten zum Reformationstag hochtrabend ein paar markige Worte von Martin Luther zu beschwören, reicht nicht. Manchmal führt mich sogar eine langweilige Fernsehsendung am späten Abend im Urlaub weiter.

(2011)

Was bleibt ...

Große Kunst hat er geschaffen, Gemälde von bleibendem Rang gemalt. Bilder zu biblischen Themen sind auch darunter. Doch als er sie schuf, war der Antwerpener Maler Jan Massys schon alt geworden. Geboren im gleichen Jahr wie der Reformator Johannes Calvin, 1509, ist er weit herumgekommen im Leben. Sechs Jahre lang ist er von Genua aus mit Andrea Doria, dem Groß-Admiral des deutschen Kaisers Karl V., kreuz und quer durchs Mittelmeer gefahren. Als Schlachtenmaler hat Jan Massys diesem berühmten Kapitän gedient in Zeiten des Krieges gegen die nach Europa vordringenden Türken damals. Eigentlich war er nur nach Genua gereist, weil Andrea Doria bei ihm ein Porträt von sich bestellt hatte.

Nach Jahrzehnten in seine Vaterstadt zurückgekehrt, vertieft Jan Massys sich in den Glauben seiner Vorfahren. Seinetwegen mußte er einst in den religiösen Wirren jener Zeit Antwerpen verlassen. Ein Leben wie ein Roman, schillernd wie das ganze Zeitalter der Reformation.

Den Roman seines Lebens hat der Frankfurter Schriftsteller Henning Boetius vor ein paar Jahren geschrieben. Im hohen Alter begegnet darin Jan Massys der Tod in Gestalt eines weitgereisten Ritters, der ihn bei strömendem Regen noch einmal durch die Straßen Antwerpens führt. Auf allen seinen Wegen hatte Jan Massys stets ein Talisman begleitet, den er einst von seiner großen Liebe geschenkt bekam: sein Drachenstein, den er längst verloren glaubte. Dann schreibt Henning Boetius:

„Der Ritter zeigte auf einen kleinen, einfachen Stein, der in der Gosse lag und an dem sich das Wasser brach. ´Sieh dort, da liegt dein Drachenstein. Er wehrt sich mit Erfolg dagegen, einfach hinweggespült zu werden. Mehr kannst du in deinem Leben niemals erreichen. Und das ist schon viel.`" (Henning Boetius, Die Blaue Galeere, München 2004, 414)

In gleicher Weise wie dieser Kiesel nicht verloren zu gehen; nicht vom Tod davongespült zu werden, einfach so – danach sehnen wir uns. Daß etwas bleibt von uns, das ist unser Traum, je länger das Leben währt. Das wollen wir hören, das gibt uns Trost, gerade wenn der letzte Gang anzutreten ist – und oft genug schon zuvor der Gang ans Grab derer, die vor uns versterben. Etwas bleibt. Etwas wehrt sich gegen das Vergehen und das Vergessen.

Noch ist es nicht soweit. Noch sorgen wir selbst dafür, daß der Strom der Zeit uns nicht hinwegspült, und keiner weiß wohin. Noch währt ja das Leben, und wir schaffen das, was von uns bleibt.

Keine große Kunst wie Jan Massys bringen wir zustande. Doch der Drang ist ja da, sich selbst zu verewigen. Aufmerksamkeit wollen wir erlangen, möglichst breit, damit wir uns selber spüren und am Ende nicht hinweggespült werden, spurlos. Was bleiben soll von uns, das setzen wir ins Internet, abrufbar über den QR-Code auf unserem Grabstein. Bilder und Blogs: Das Netz vergißt nichts. Auch nicht das, was uns nur schadet mit der Zeit. Das Netz streut alles aus, grenzenlos und ungefragt. Das haben wir nicht mehr in der Hand.

Das hatte auch Jesus nicht mehr in der Hand: daß er am Schluß hinweggespült wird wie in der Gosse und im Gully verschwindet auf Nimmerwiedersehen. So hätte es kommen sollen. So hatten sie es längst vor mit ihm. Nichts bleibt von ihm. Hätte er sich dagegen noch wehren können wie der kleine Kiesel, der Drachenstein vor den Augen von Jan Massys im Roman? Wohl kaum. Einen Versuch war es wert, ins Gebet vertieft nachts im Garten Gethsemane. Doch das hatte er nicht mehr in der Hand.

Hatte er überhaupt etwas erreicht im Leben? Wer weiß!?

Was bleibt von Jesus: nur ein paar Erinnerungen in den Köpfen und Herzen der Jünger, vergänglich wie sie? Das ist die Frage, und sie wird zur Aufgabe für die Nachgeborenen. Ein Denkmal schaffen sie ihm. Eines, das nicht auf einem mächtigen Sockel steht, Ehrfurcht gebietend und prächtig anzuschauen an einem herausgehobenen Platz in Jerusalem. Kein Stein gewordener Gott wie sonst an prominenter Stelle in allen Städten der antiken Welt. Was von Jesus bleibt, das geht von Hand zu Hand, von Mund zu Mund. Seit zweitausend Jahren schon verbindet es uns mit ihm.

„Wenn ihr bleiben werdet an meinem Wort, so seid ihr wahrhaftig meine Jünger und werdet die Wahrheit erkennen, und die Wahrheit wird euch frei machen." Wir sind gemeint. Für uns sind diese Worte überliefert im Johannesevangelium (Joh 8, 31f). Durch sie spricht Jesus auch zu uns. Durch sie wehrt er sich bis heute dagegen, hinweggespült zu werden wie ein Kieselsteinchen in der Gosse nach einem Regenguß.

Unsere steinernen Denkmäler für ihn könnten wir auch wieder abreißen: Unsere Kirchen könnten wir mangels Nachfrage schließen oder abstoßen, wenn sein Wort sich darin ohnehin nur noch selten Gehör verschafft. Steine sind nicht wichtig.

Sein Wort ist wichtig. Gesprochen, geschrieben, gehört und gelesen - und von neuem gesprochen, wieder und wieder, von Generation zu Generation. Das bleibt. Das ist wahr: „Dein Wort ist wahr und trüget nicht." (EG 473, 3) Nur sein Wort verbindet uns mit Gott, wenn wir an ihm bleiben. Nur sein Wort schafft uns die Ewigkeit, die wir uns ersehnen gegen unsere Angst vor dem Nichts.

„Die Welt vergeht mit ihrer Lust; wer aber den Willen Gottes tut, der bleibt in Ewigkeit." So sagt es der erste Johannesbrief aus gutem Grund (1 Joh 2, 17). Zuviel ist bereits im Gully verschwunden vor unseren Augen. Und oftmals war uns das auch ganz recht.

Doch einmal sind wir selber dran. Einmal liegen wir selber in der Gosse wie das Kieselsteinchen und suchen Halt. Haben wir dann noch etwas in der

Hand, mit dem wir uns dagegen wehren können, hinweggespült zu werden und dem Vergessen anheimzufallen?

Großartige Kunst wird es nicht sein. Große Worte auch nicht. Noch nicht mal ein wunderbares Buch wie das von Henning Boetius. Ein anderes Buch, andere Worte sind es, die uns über dem Abgrund halten - heute und morgen bis in alle Ewigkeit. Gottes Worte, denen Jesus sich rückhaltlos anvertraut hat. Für sie hat er sich ans Kreuz schlagen lassen. Und wäre fast hinweggespült worden. Aber nur fast.

(2013)

Weihnachtsbücher

Urlaub im Spätherbst an der Westküste in Schleswig-Holstein: Wind, Wasser, Weite. Erholsame Tage an der Nordsee. Die Sonne hat nicht mehr die Kraft wie im Sommer, und auf der riesigen Sandbank vor St. Peter-Ording sitzen die Badegäste nicht mehr zu tausenden in ihren Strandkörben. Jetzt haben die Kinder reichlich Platz, ihre Drachen steigen zu lassen unter dem leergefegten blauen Himmel. Ruhe und Entspannung pur. Die Tage werden kürzer, das Jahr neigt sich erkennbar seinem Ende zu. Aber Weihnachten ist noch weit weg.

Oder doch nicht? Wir besuchen Husum, Theodor Storms „graue Stadt am grauen Meer". In einer Buchandlung dort finden sich wie üblich auch Ständer voll mit antiquarischen Büchern - das Angebot zum Wühlen. Ich fange an zu stöbern, und dabei zeigt sich: Hunderte von Weihnachtsbüchern sind hier zusammengeworfen worden. Neuerscheinungen der Vorjahre, jetzt im Preis herabgesetzt. Weihnachtlicher Lesestoff lockt die Kunden bereits im Oktober.

Wer soll das alles lesen?, frage ich mich. Bin ich jetzt schon in vorweihnachtlicher Stimmung und greife zu solchen Schnäppchen? Und was, wenn schon bald wieder weitere Bücher zu Weihnachten in die Regale kommen? Neuerscheinungen verdrängen die Vorjahresprodukte, die sich dann nur noch billig verramschen lassen. Das Buch ist zur schnellen Ware geworden. Und es nimmt kein Ende mit dem Bücherschreiben. Das wußte schon der Prediger Salomo im Alten Testament (Pred 12, 12).

Spätestens ab dem 1. Advent kaufen wir neue Bücher zum nahen Fest wieder frisch vom Stapel. Was aber ist am Weihnachtsfest so faszinierend, daß es jedes Jahr Unmengen von Büchern hervorruft und uns erfolgreich zum Lesen einlädt? Ist es wirklich die eine uralte Geschichte vom Kind in der

Krippe in immer neuen Variationen? Erzählungen, Gedichte, sogar Krimis, illustrieren jedes Mal von neuem die Weihnachtsbotschaft, die ein schlichtes Gemüt mal auf die einfache Weisheit gebracht hat: Mach´s wie Gott, werde Mensch.

Nicht nur die Weihnachtsgeschichte aus dem Lukasevangelium, auch die zahllosen Bücher zum schönsten Fest des Jahres sprechen unsere tiefe Sehnsucht nach selbstverständlicher, ungefragter Mitmenschlichkeit im Leben an. Vielleicht ist es das, was Schriftsteller seit jeher in immer wieder neuen Geschichten beschreiben und was uns zu Weihnachten wieder mal zum Buch greifen läßt.

Manche dieser Geschichten halten sich über die Jahre und werden so zum Klassiker. Wie das „Weihnachtslied" von Charles Dickens zum Beispiel, eine mehr als 150 Jahre alte Gespenstergeschichte. Wer kennt ihn nicht, den Einzelgänger Ebenezer Scrooge, einen ebenso zynischen wie knauserigen alten Geschäftsmann, der es selbst am Weihnachtsabend bedauert, seinem Angestellten mal dienstfrei geben zu müssen? Der an Heiligabend wohltätige Spendensammler an der Tür barsch abfertigt und die Einladung seines Neffen zum Weihnachtsessen rundweg ablehnt?

Ein Geizkragen und Menschenfeind ist er, der mit dem ganzen Fest nichts anzufangen weiß. Bis ihm in der Heiligen Nacht die jenseitige Welt erscheint in Gestalt der Geister all jener Menschen, die schon in den Jahren zuvor regelmäßig zu Weihnachten unter seinem Mißmut zu leiden hatten, allen voran sein verstorbener Geschäftspartner. Nun gewähren diese Schattenwesen ihm einen Blick in die Zukunft. Und die sieht düster aus für Ebenezer Scrooge – wenn er sich nicht wandelt. Das wirkt. Das bringt den Geizkragen zur Einsicht.

So bricht sich die Menschlichkeit doch noch Bahn, zeigt Charles Dickens seinen Lesern: als Kraft, die von außen an uns herandringt und uns zur

Besinnung bringt. So kommt Gott zur Welt und tritt ein in unser Leben in der Heiligen Nacht. Darum lieben alle die Weihnachtsgeschichte, Groß und Klein. Darum verschlingen wir Geschichten, die uns ebenso wie das Lukasevangelium in seinem 2. Kapitel zeigen, wie unser Leben gehalten und getragen ist von einer Kraft, die es zum Guten wenden kann. Selbst noch das Leben eines unausstehlichen Ekelpakets wie Ebenezer Scrooge: „Christ, der Retter, ist da." Das läßt uns hoffen, nicht nur in der Heiligen Nacht.

(2010)

Er kommt – und bleibt

„Wir sind gekommen, um zu bleiben." Noch nicht allzu lange ist es her, da war das Lied mit diesem Refrain tagein, tagaus im Radio zu hören: „Wir sind gekommen, um zu bleiben." So sang sie über sich selbst, die deutsche Pop-Gruppe „Wir sind Helden". Mit dieser einen Liedzeile hat sie sich nicht nur mir ins Gedächtnis gebrannt.

Schon bald kommt noch einer. Alle Jahre wieder kommt er: Jesus als Kind in der Krippe zu Bethlehem. Auch er kommt mit viel Musik, mal schöner und mal schlichter. Das gehört im Advent einfach dazu.

Nicht an jedem Tag von neuem kommt er, aber doch ein paar Wochen lang. Oder etwa schon seit Monaten? „Advent ist im Dezember": So lautet alljährlich der Aufruf dazu, die Kirche doch im Dorf zu lassen – und den Advent in der Vorweihnachtszeit im Dezember. Zu ihr gehören in manchen Jahren auch die letzten Tage im November, aber sicher nicht schon die Zeit der Laubfärbung im Oktober. Auch wenn der Christstollen bereits noch eher im Frühherbst in den Verkauf gelangt ist.

Advent: Er kommt, heißt das auf Deutsch. Gott kommt. „Nun komm, der Heiden Heiland": Das bedächtige Kirchenlied (EG 4) und die Kantate dazu von Johann Sebastian Bach, herrliche Musik, gehören untrennbar zum Beginn der Adventszeit dazu. Beides hat sich mir genauso ins Gedächtnis geschlichen wie der Ohrwurm der selbsternannten „Helden", seit vielen Jahren schon. „Komm, o mein Heiland Jesu Christ, meins Herzens Tür dir offen ist." Freudige Erwartung tönt aus dem bekanntesten aller Adventslieder, „Macht hoch die Tür" (EG 1).

Und wenn er kommt: Ist er wirklich so willkommen, wie wir es im Advent jedes Mal singen? Nicht nur damals in Bethlehem, auch heute bleibt ihm so manche Tür verschlossen. Und das ist auch gut so, fügen Kritiker des christlichen Glaubens gerade vor dem Weihnachtsfest hinzu. Ihre Auffassung, wonach Jesus sich besser hinter hohe Kirchenmauern zurückziehen sollte, haben sie sich gerade erst vor dem Europäischen Gerichtshof in Straßburg bestätigen lassen. Im öffentlichen Leben jedenfalls habe Jesus nichts verloren, auch wenn sich im Advent so mancher Händler von einer Krippe als Dekoration seiner Auslagen eine Belebung des Weihnachtsgeschäfts verspricht. Ein argwöhnischer Kunde kann beim Schaufensterbummel ja darüber hinwegsehen. Doch beim Kruzifix im Klassenzimmer oder Gerichtssaal versteht er längst keinen Spaß mehr: weg damit!

Noch vor Jahren haben wir belustigt darüber gelacht, wie in der DDR das Weihnachtsfest seines christlichen Ursprungs von staatlicher Seite beraubt wurde. Die Menge der himmlischen Heerscharen in der Heiligen Nacht, welche den Hirten die Frohe Botschaft vom Kind in der Krippe überbrachten? Geflügelte Jahresendfiguren hießen die Engel in der Sprache der Parteifunktionäre verschleiernd. Als Boten Gottes waren sie untragbar. Was für ein gestelzter Quatsch war doch der kommunistische Versuch, zu Weihnachten alles umzudichten. Doch schon sehen auch in unseren Tagen nicht nur katholische Bischöfe das christliche Abendland wieder vom Untergang bedroht.

„Ich bin gekommen, um zu bleiben“: Das wär´s doch, wenn wir Jesus in der Heiligen Nacht von ganzem Herzen willkommen heißen. Und wenn sogar noch etwas nachbliebe vom Fest. Gott, der uns in seinem eingeborenen Sohn so nahe kommt wie nie mehr sonst, nach dem Fest wieder vor die Tür setzen und genauso entsorgen wie den Weihnachtsbaum, das wäre jammerschade! Doch wie kann das gehen, die weihnachtliche Nähe Gottes über die Festtage hinüberzuretten?

Im Süden von Kärnten, unweit der Grenze zu Italien, hat einer der berühmtesten Maler des ausgehenden Mittelalters im Alpenraum, Thomas von Villach, die kleine Kirche von Thörl-Maglern über und über mit farbenprächtigen gotischen Wandmalereien ausgestattet. Im Altarraum findet sich hoch oben am Schlußstein, der das Deckengewölbe zusammenhält, die Darstellung der Maria mit dem neugeborenen Jesuskind. Wer hinaufschaut, der kann an jedem Tag des Jahres sehen, was Weihnachten bedeutet, nicht nur am 24. Dezember: Ohne die Nähe Gottes zu uns Menschen fiele alles in sich zusammen. Das möchte ich mitnehmen ins neue Jahr.

(2010)

Und Gott sah, daß es gut war

Die Begeisterung kannte kaum noch Grenzen, am Himmel wie auf Erden. Am 21. Dezember 1968, drei Tage vor dem Weihnachtsfest, war die Apollo 8-Mission in ihrer Saturn-Rakete aufgebrochen: drei US-amerikanische Astronauten auf dem Weg zum Mond. Planmäßig an Heiligabend hatten sie ihr Ziel erreicht, die Umlaufbahn um den Mond. Zehnmal umkreisten sie ihn. Bei den Fernsehübertragungen aus dem All lieferten die Bordkameras gestochen scharfe Bilder von der Oberfläche des Erdtrabanten. Überwältigt vom Anblick der aufgehenden Erde, dem langsam im Sonnenlicht erstrahlenden blauen Planeten weit unter ihnen, richteten die Männer über Funk ihre ganz besondere Botschaft zum Weihnachtsfest an das staunende Publikum daheim. Mit fester Stimme verlas der Kommandant der Mission die biblische Schöpfungsgeschichte aus 1. Mose 1 und schloß weihnachtliche Grüße an die gesamte Menschheit an.

Was mag die drei Astronauten vor mehr als vier Jahrzehnten bewogen haben, angesichts des größten damals denkbaren Erfolgs der Physik zu Heiligabend ausgerechnet an die biblische Geschichte von der Erschaffung der Welt durch Gott zu erinnern? Allein der faszinierende Blick auf die Erde aus bis dahin nie erreichter Höhe wird es nicht gewesen sein, auch kaum ein Gefühl der Demut und der Dankbarkeit gegenüber Gott. Am Tag nach dem Fest, am 27. Dezember 1968, kehrten die drei Männer in ihrer Kapsel wohlbehalten auf die Erde zurück. Doch was haben Weihnachten mit dem Jesus-Kind in der Krippe und die Schöpfungsgeschichte miteinander zu tun?

Im Internet ist alles zu finden. Auch der berühmt gewordene Funkspruch aus dem All zum Weihnachtsfest 1968. Die Jazz Bigband Graz hat ihn einem ihrer Musikstücke auf ihrer CD „Urban Folktales“ unterlegt. „Space Trip: The Day we landed“ heißt es, zu deutsch: Reise durch den Raum: der Tag, als wir gelandet sind. Wunderschöne Melodien sind zu hören, perfekt gespielt von den Bläsern der Bigband. Dazu ein Sänger, der große Erwartungen ans Leben besingt, die noch jeden Menschen bewegen. Doch je rastloser es uns durchs Leben treibe, desto mehr gerate Gott in den Blick. Die eigene, die ganz persönliche Reise durch Zeit und Raum, komme bei ihm zum Ziel. Hineinkopiert in die Musik ertönt hinter dieser österreichischen Bigband und ihrem Sänger aus dem Munde eines der drei Astronauten die damals aus dem All gefunkte Geschichte von der Erschaffung der Welt mit dem mehrfach wiederkehrenden Satz: Und Gott sah, daß es gut war.

Haben die Grazer Jazzmusiker am Ende mehr im Sinn als nur genial komponierte und gespielte Musik? Zehn Minuten traumhaft schöne Melodiebögen, aber auch ein religiöser, gar christlicher Anspruch dahinter?

Die im Frühjahr 2012 veröffentlichte CD der Jazz Bigband Graz habe ich immer wieder angehört in der Adventszeit. Und tatsächlich: Diese ungewöhnliche musikalische Reise kommt mir durchaus weihnachtlich vor. Nicht nur, weil sie an das Weihnachtsfest 1968 erinnert und an die atemberaubenden Fernsehbilder vom Mond – und der Erde.

Ohnehin sind wir für Musik besonders empfänglich in der Advents- und Weihnachtszeit. Kein Weihnachtsmarkt, kein Kaufhaus ohne die einschlägige musikalische Unterhaltung zum bevorstehenden Fest, und in den Kirchen laufen die Chöre zu großer Form auf. Festlich sollen die Gottesdienste zu Weihnachten sein, vor allem dank möglichst viel Musik.

Am Weihnachtsfest wollen wir zur Ruhe kommen. Viel zu schnell ist das Jahr vergangen, lautet die verbreitete Klage noch jedes Mal. Das ist zwar physikalischer Unsinn, doch das Gefühl, wieder nur rastlos durchs Leben gehetzt zu sein, wollen wir wenigstens zu Weihnachten abstreifen. Mir hilft dabei die musikalische Reise durch Raum und Zeit mit der Grazer Bigband.

Denn auf ihre Weise erschließt sie mir, was wir alle vom Weihnachtsfest erwarten, ob in einem der zahlreichen Gottesdienste oder zuhause im Kreise der Familie: Harmonie und das Gefühl, auf dem richtigen Weg zu sein; die Zeit nicht wieder nur nutzlos verschwendet zu haben und das Leben lieben zu können. Ins Reine zu kommen mit sich und der Welt.

Genau da bringt sich Gott ins Spiel. Der Gott, der am Beginn von allem steht. Und der sah, daß es gut war. Ist es nicht genau dies, was wir uns nur allzu gern von neuem zusprechen lassen zum Weihnachtsfest? Gott ist von Anfang an da, auch jetzt noch. Im Jesus-Kind in der Krippe, seinem Sohn, steht er zu dem, was er geschaffen hat, und läßt sich wieder darauf ein zum Zeichen dafür, daß er diesen uranfänglichen Satz niemals zurücknimmt: Und Gott sah, daß es gut war.

Wenn das so ist, dann kann ich mich diesem Gott jetzt von neuem anvertrauen und bei ihm wahrhaft zur Ruhe kommen – trotz allem, was durchaus nicht gut ist in dieser Welt. Doch ohne dieses Vertrauen gehe ich verloren in Raum und Zeit.

Vielleicht war das der Gedanke hinter der Weihnachtsbotschaft vom Mond zu Heiligabend 1968. Für mich ist er es in jedem Fall, dank der wunderbaren Musik einer Jazz-Bigband aus den Alpen.

(2012)

Maria und Luzifer
Agatha Christie und die Heilige Nacht

Sie ist immer doch das Maß der Dinge für alle Krimileser: Agatha Christie. Die Auflage ihre Kriminalromane zählt nach Millionen. Doch im hohen Alter hat Agatha Christie 1965 auch ein Bändchen mit weihnachtlichen Geschichten veröffentlicht. Erst seit wenigen Jahren liegen sie auch in deutscher Übersetzung vor (Agatha Christie, Es begab sich aber ..., Frankfurt/M 2006).

Die Krimi-Autorin erzählt darin auch von einer ganz besonderen Versuchung, der sich Maria ausgesetzt sah, gleich nach der Geburt ihres Sohnes Jesus. Noch im Stall zu Bethlehem erscheint ihr ein Engel Gottes und bietet ihr an, sie in die Zukunft schauen zu lassen. So breitet der Engel vor Maria das ganze weitere Leben des Jesuskindes aus, bis hin zu seiner Leidensgeschichte. Auch seine Verurteilung als verbrecherischer Gotteslästerer und seinen Tod am Kreuz sieht Maria bereits auf Jesus zukommen.

Sie erschrickt gehörig und bekommt es mit der Angst zu tun. Dennoch willigt sie ein: Wenn dies das Schicksal ist, das Gott für ihren Sohn bereit hält, dann läßt sich daran nicht rütteln. Das Angebot des Engels, daß er Jesus diese Schmach ersparen könne, wenn Maria ihm ihren Sohn überläßt, lehnt sie rundweg ab. Vor die Wahl gestellt, ob sie Jesus sogleich wieder sterben lassen oder ihm das Leben erhalten solle, widersetzt sie sich dem zweifelhaften Werben des Engels. Denn sie hat auch erkannt, daß in diesem so beschwerlichen Leben Jesu nichts weniger als das Heil der Welt liegen wird.

Enttäuscht und zornig zugleich wendet sich dieser seltsame Engel von Maria ab. Es ist Luzifer, der Sohn der Morgenröte, der Teufel. Später kehrt er noch einmal wieder und pirscht sich in der Wüste an Jesus heran, um nun ihn selbst zu verführen. In jener Nacht, als für Maria alles auf dem Spiel stand, so schreibt Agatha Christie, machten sich weit entfernt im Osten drei Weise auf den Weg, um sich von einem Stern zum Sohn Gottes in der Krippe zu Bethlehem führen zu lassen und ihm ihre Aufwartung zu machen.

Seit Jahrhunderten ist diese denkwürdige Begegnung der drei Pilger mit Jesus von nahezu allen großen Malern und Bildhauern dargestellt worden: die Anbetung der Heiligen Drei Könige. Zu Zeiten Martin Luthers hat sie auch der großartige, eigenwillige Niederländer Hieronymus Bosch auf einem dreiteiligen Altarbild gemalt, das heute im Prado in Madrid ausgestellt wird.

Wie damals (und in katholischen Kirchen heute noch) üblich, wurden die Altarbilder in der Passionszeit vor Ostern zugeklappt. Sieben Wochen lang sollten die Kirchenbesucher auch auf die Pracht der religiösen Bilder verzichten bis zum Ostermorgen. Doch auch geschlossen zeigt der Altar von Hieronymus Bosch noch immer die Anbetung Jesu und nicht etwa nacktes Holz. Nur sieht man jetzt nicht mehr das Jesuskind in seiner Krippe liegen. Statt dessen hat der Künstler auf die Rückseite seines Altarbildes wiederum einen Altar gemalt, schmucklos und steinern. Auf ihm steht Jesus, jetzt aber als erwachsener Mann und mit der Dornenkrone im Haar. Seht, welch ein Mensch, wird Pontius Pilatus höhnisch rufen - der Gottessohn im Moment seiner tiefsten Schmach, dem Spott der Leute preisgegeben kurz vor seinem Tod am Kreuz.

Und doch läßt der Maler wieder drei Könige betend vor diesem Altar knien, dazu noch weitere Personen. Meistens hat sich der Stifter des Altares auf diese Weise mit ins Bild setzen lassen als eines der drei gekrönten Häupter. Wie er sind auch wir von Hieronymus Bosch gefragt, wenn wir dieses karge Altarbild betrachten: Werden wir Jesus auch dann noch anbeten, wenn der Zauber der Heiligen Nacht verflogen ist? Und gebührt die

Anbetung nicht viel mehr dem Schmerzensmann als dem niedlichen Kind in der Krippe?

Weihnachten kommt immer so plötzlich – und ist auch im Handumdrehen wieder vorbei. Wie flüchtig ist unsere weihnachtliche Stimmung! Doch das Leben geht ja weiter für Jesus. Maria hat ihren Sohn nicht gleich nach dessen Geburt dem Teufel ausgeliefert, in dem Glauben, ihm auf diese Weise manche Härte zu ersparen im Leben. So erzählt es Agatha Christie, und sie hat ja recht: Im ganzen Leben Jesu, gerade auch in seinem düsteren und furchteinflößenden Ende, liegt das Heil der Welt beschlossen. Dafür gebührt Jesus unsere Anbetung, Tag für Tag, das ganze Jahr über. Denn Gott hatte noch Großes vor mit seinem Sohn, uns zugute.

(2010)

Christkind

Zu meiner Kinderzeit gab es am Heiligen Abend bei uns zuhause immer ein festes Ritual. Nachmittags vertrieben meine Geschwister und ich uns die Zeit mit Brettspielen oder wir lasen in einem Buch. Eher selten sahen wir einen Kinderfilm im Fernsehen. Es gab ohnehin nur drei Programme. Längst hatte uns die Vorfreude auf die Bescherung am Abend gepackt. Noch war die gute Stube, unser Weihnachtszimmer, fest verschlossen und für uns unzugänglich. So blieb nur der Blick durchs Schlüsselloch: Würden all unsere Wünsche in Erfüllung gehen, wenn wir endlich die Geschenke unter dem Weihnachtsbaum auspacken durften?

Doch bis dahin galt es noch sich in Geduld zu üben. Zuvor gingen wir alle gemeinsam zum Krippenspiel in die Kirche. Ein paar Jahre später spielten wir ohnehin selber dabei mit. Wieder daheim, gab es das Abendessen. Die Spannung bei uns Kindern steigerte sich jetzt von Minute zu Minute. Während wir anschließend in der Küche den Tisch abräumten, schlich sich meine Mutter in die Stube, entzündete die Kerzen am Christbaum, und dann war es so weit: Ein feines Klingeln von einem Glöckchen ertönte. Das war das Zeichen. „Das Christkind war da. Gehen wir schnell hinein, um zu sehen, was es euch geschenkt hat“, sagte mein Vater. Drinnen wurden die Augen immer größer angesichts des bunt geschmückten Baums und der großen und kleinen Geschenkpäckchen darunter.

Das alles liegt Jahrzehnte zurück. Längst hat der Weihnachtsmann das Christkind verdrängt. Schon im Oktober steht er in rauhen Mengen in den Regalen der Geschäfte, aus Schokolade und mit Stanniol eingewickelt, und weckt Kinderträume. Bald wird er sich mit seinem Pferdeschlitten wieder aufmachen und vom Nordpol zu uns herabkommen – ho, ho, ho! - und seine Geschenke verteilen. So kennt es jedes Kind – aus der Fernsehwerbung.

Doch was es mit Weihnachten wirklich auf sich hat, gerät dabei in Vergessenheit. Mit schöner Regelmäßigkeit ist jedes Mal im Dezember von Umfragen zu lesen, die das noch bestätigen. Bei aller Geheimniskrämerei der Erwachsenen, die noch immer zu den Vorbereitungen auf das Weihnachtsfest dazugehört, war dies meinem Vater zu meiner Kinderzeit immer besonders wichtig: Es ist niemand anderes als das Christkind, das in der Heiligen Nacht die Kinder beschenkt.

Aber dieses Kind legt in jedem Haus nicht nur Geschenke unter den Weihnachtsbaum, es ist selbst ein Geschenk. Mit ihm schenkt Gott jedem Menschen ganz persönlich seine heilsame Nähe. In Jesus von Nazareth, dem Neugeborenen in der Krippe im Stall zu Bethlehem, kommt Gott herab in unsere Welt. In ihm teilt er unser Leben mit uns, die Höhen genauso wie die Tiefen, die schönen wie auch die schweren Stunden. Ob uns diese Botschaft noch erreicht, Eltern wie Kinder?

Natürlich freuen sich auch meine beiden Söhne im Advent auf ihre Geschenke zum Weihnachtsfest. Wie alle Kinder hoffen sie, daß möglichst viele ihrer Wünsche am Heiligen Abend in Erfüllung gehen. Doch bei unseren Weihnachtsvorbereitungen denke ich jedes Mal: Vielleicht hatte mein Vater damals gar nicht so unrecht. Wenn es für Kinder nicht egal ist, von wem die Geschenke unter dem Weihnachtsbaum stammen, dann lernen sie auch frühzeitig, worauf es ankommt zu Weihnachten: Bei der Freude über so manchen erfüllten Wunschtraum unterm Weihnachtsbaum den nicht zu vergessen, der kleinen wie auch großen Kindern mehr schenken kann als jeder Weihnachtsmann – sich selbst. Alle Jahre wieder.

(2008/2014)

Mondnacht – Heilige Nacht

Weihnachten ist nur eine Sache der Phantasie. Das Geschehen der Heiligen Nacht sprengt allemal die Grenzen unseres Vorstellungsvermögens. Also warum am 24. Dezember nicht mal seiner Phantasie freien Lauf lassen?

In der Auferstehungskirche zu Ostgroßefehn wird in jedem Jahr zu Weihnachten ein altehrwürdiges gerahmtes Transparent auf den Altar gestellt. Von hinten angeleuchtet, zeigt dieser dreiteilige Öldruck aus dem späten 19. Jahrhundert das Geschehen der Heiligen Nacht. So steht die Geburt des Gottessohnes Jesus Christus in den Gottesdiensten der Weihnachtszeit erkennbar im Mittelpunkt und zieht die Blicke der Gläubigen auf sich. Rechts davon steht immer der geschmückte Tannenbaum, darunter eine moderne geschnitzte Weihnachts-Krippe.

Seit Jahrzehnten kennen die Menschen in Ostgroßefehn diese Tradition. Doch zu Weihnachten habe ich noch ein ganz anderes Bild vor Augen. Es kommt ohne die Krippe im Stall zu Bethlehem mit Maria und Joseph aus. Auch das neugeborene Jesuskind samt den betenden Hirten oder auch den Heiligen Drei Königen sucht der Betrachter dieses Bildes vergeblich.

Statt dessen eine ganz andere, zweiteilige Szene, aber eine, die uns das Wunder zu Weihnachten auf ihre ganz eigene Weise nahezubringen vermag. Auch hier ein nächtliches Geschehen, doch was hat es mit der Heiligen Nacht zu tun?

„Wenn der Mond manchmal nachts auf die Erde käme ... könnten wir schön auf ihm schaukeln." Diesen gewiß ungewöhnlichen Einfall hat der Karikaturist Hans Traxler einmal gezeichnet. Tatsächlich sehen wir auf seinen beiden Bildern mit diesen Untertiteln die Mondsichel in dunkler Nacht auf die Erde herabkommen, und gleich darauf schaukeln zwei Kinder vergnügt auf ihr wie auf einer Wippe auf dem Spielplatz. Auch der gute alte

Mond, mit Nase, Mund und Knopfaugen, hat sichtlich seinen Spaß dabei. All das ist mit spärlichen zeichnerischen Mitteln trefflich in Szene gesetzt.

Eigentlich ist solch ein Einfall völlig undenkbar, schon wegen der Größenverhältnisse. Und was hat der Mond auch auf der Erde zu suchen? Mit seinem fahlen Licht scheint er hoch oben über uns in das nächtliche Dunkel, ein paar hunderttausend Kilometer von der Erde entfernt. Doch Künstler lassen gern ihre Phantasie spielen, und schon ist das Unmögliche zumindest aufs Papier zu bannen. Hans Traxler ist ein Meister solch skurriler Einfälle.

Geht es uns mit der Botschaft der Heiligen Nacht nicht genauso? Sprengt nicht auch sie all unser Vorstellungsvermögen? Gott kommt auf die Erde, „wo wir Menschen sind", und erblickt das Licht der Welt in Gestalt eines neugeborenen Kindes. Von nun an lebt er mitten unter uns. Eine unglaubliche Botschaft ist das. Sie schafft Geborgenheit und regt unsere Phantasie an. Doch zugleich wirkt sie auch anstößig.

Denn lange Zeit stand auf den Bestseller-Listen das Buch des englischen Biologen Richard Dawkins mit dem Titel „Der Gottes-Wahn" ganz obenan – ein grandioser Verkaufserfolg. Darin erscheint Gott und der Glaube an ihn nur noch als Hirngespinst, als frommer Irrtum von Menschen, die buchstäblich nicht ganz klar im Kopf sind und denen Hirnforscher nur endlich mal auf die Sprünge helfen müßten. Über die weihnachtliche Botschaft vom menschenfreundlichen Gott an unserer Seite hier auf Erden könnte man dann nur noch mit dem Kopf schütteln.

Wie die phantastische Zeichnung von Hans Traxler solche unmöglichen Möglichkeiten ins Bild setzt, gefällt mir da schon besser. Warum sollten wir in der Heiligen Nacht nicht einfach staunen wie die Kinder und das ungeahnte Glück beim Schopfe packen? Die beiden kleinen Kinder wissen mit dem, was sie da nachts erleben, jedenfalls gleich etwas anzufangen. Ihre

Freude kennt keine skeptischen Fragen und keine Zweifel. So vermittelt es der Zeichner Hans Traxler. Ungewollt weihnachtlich wirkt sein Einfall auf mich.

Ich denke, das ist es, was auch Erwachsene bei all ihren Zweifeln sich klammheimlich zurückwünschen, wenn das Weihnachtsfest näher rückt: staunen können wie die Kinder und sich frei von allen Sorgen einmal recht von Herzen freuen über den nahen Gott, der hier auf Erden sich uns zugesellt. Was liegt da näher, als der Botschaft aus der Heiligen Nacht mit offenen Ohren und offenen Herzen zu lauschen und Gott, der mitten unter uns erscheint, beim Wort zu nehmen? Die lebensdienliche Kraft Gottes, Urgrund von uns allen, wieder von neuem spüren, ohne zu zweifeln oder zu zaudern: Wer wollte das nicht? Dann regt auch das vertraute altehrwürdige Weihnachts-Transparent auf dem Altar wieder die Phantasie an, nicht nur in Ostgroßefehn.

(2007)

Printed by Books on Demand GmbH, Norderstedt / Germany